Hannelore Morgenroth

Den Brunnen aufschließen

Selbstentdeckungen mit biblischen Geschichten

Kösel-Verlag

CIP-Titelaufnahme der Deutschen Bibliothek

Morgenroth, Hannelore:
Den Brunnen aufschliessen : Selbstentdeckungen
mit biblischen Geschichten /
Hannelore Morgenroth. - München: Kösel 1989
ISBN 3-466-36322-5

© 1989 by Kösel-Verlag GmbH & Co., München.
Printed in Germany. Alle Rechte vorbehalten.
Druck und Bindung: Kösel, Kempten.
Umschlagfoto und -gestaltung: Elisabeth Petersen, Glonn.
ISBN 3-466-36322-5

Inhalt

Einleitung

Rot leuchten die Hagebutten. Ich sitze im Garten neben unserem Heckenrosenstrauch. Zeit der Früchte, Zeit der Ernte, auch für mich, wenn ich jetzt dieses Manuskript abschließe, an dem ich einen Sommer lang gearbeitet habe, wenn möglich im Freien.

Entstanden ist dieses Buch aus der jahrelangen Arbeit mit Gruppen der kirchlichen Erwachsenenbildung. Für sie wollte ich ein Angebot schaffen, bei dem Menschen etwas für ihr persönliches Wachstum tun können, um ein Stück Lebenshilfe und Neuorientierung zu finden. Mit diesem Ziel entstanden Paargruppen, Frauengruppen und gemischte Gruppen, und alle hatten sie ein bißchen »Werkstattcharakter«. Insbesondere nachdem ich 1982 eine therapeutische Ausbildung begonnen hatte, war es eine Zeit des Experimentierens, bei dem das Pendel einmal mehr in Richtung Psychologie und ein andermal mehr in Richtung Theologie ausgeschlagen ist.

In dem eigenen Prozeß der Selbstbegegnung entdeckte ich für mich entscheidend den Brunnen der Weisheit, der sich in den Träumen, Märchen, Mythen, Symbolen und Phantasien zeigt und zum Weiterwachsen und Leben verhelfen will.
Eine zweite Quelle meiner Arbeit war das intensive Zusammenleben mit meinen Kindern, die damals noch recht klein waren. Von ihnen lernte ich wieder die heilenden Kräfte des Spiels ihrer Phantasiewelt kennen, und kam selbst neu in Kontakt mit meinem inneren Kind. Letzteres wurde natürlich durch meine Therapie-Ausbildung noch vertieft.

Das theoretische Konzept, das hinter meiner Arbeit steht, verdanke ich meinen Lehrtherapeuten und -therapeutinnen, vor allem *Helmut Harsch, Fanita Englisch, Richard Erskine* (New York) und *Charlotte Christoph-Lemke*, die mich beim Entstehen dieses Manuskriptes immer wieder ermutigt und unterstützt hat, wofür ich ihr herzlich danke.

Eine dritte Quelle ist die Beschäftigung mit »feministischer Theologie«, oder besser mit der Theologie von Frauen, die die »patriarchale Brille« abgelegt haben und zunehmend neue Entdeckungen machen. Diesen Prozeß finde ich sehr spannend. Er hat mir für vieles die Augen geöffnet, und ich bin hellhöriger geworden.

Von diesen drei Quellen her haben sich mir Bibeltexte und christliche Symbole neu erschlossen. Meine Phantasie wurde angeregt, immer wieder um die Frage zu kreisen, auf welche Weise die heilende Dimension biblischer Geschichten stärker sichtbar gemacht werden könnte.

Im Nachspielen der Geschichten – dem sogenannten Bibliodrama, für das ich manche Anregungen von *Heidemarie Langer* übernommen habe – geschieht meines Erachtens ein »Gleichzeitigwerden« mit den biblischen Gestalten. Der »garstige Graben« der Geschichte wird überwunden; die sich immer gleichbleibenden Erfahrungen und Themen der Menschheit werden existentiell erfahren, ebenso die Kräfte des Christus, der hier und heute ebenso wie damals wirkt.

Durch die Arbeit mit gelenkten Phantasien und mit Bildern der Träume werden Energien freigesetzt, das bisher noch nicht Mögliche in den Blick zu bekommen und umzusetzen in den eigenen Alltag.

Menschen, die sich auf einen solchen Prozeß einlassen, entdecken immer mehr den »roten Faden« in ihrer Lebensgeschichte und lernen, die Sprache ihrer Träume zu verstehen. Davon berichte ich, wenn ich aus meiner Gruppenarbeit erzähle, und ich denke, daß viele Leser sich in den Beispielen wiederfinden werden.

Ich lade aber auch ein, sich beim Lesen selbst auf den Weg zu machen, um den Brunnen aufzuschließen, daß die Kräfte der Wandlung, der Weisheit, der Intuition, die Bilder der Hoffnung geweckt werden können. Es ist für mich eine Art Experiment, dies durch die Vermittlung eines Buches zu versuchen. Ich vertraue dabei auf die heilende Kraft in uns.

Wenn man mit den Phantasie-Anleitungen in einer Gruppe arbeiten will, ist es gut zu wissen, daß dies Selbsterfahrung sowie Gruppenerfahrung und entsprechende psychologische Kenntnisse erfordert. Wer damit arbeitet, sollte sich vergewissern, daß die Gruppenteilnehmer klare Ich-Grenzen haben, daß sie in der Lage sind, wieder festen Boden unter die Füße zu bekommen und ihre »Rolle« abzuschütteln.

Sich selbst zu begegnen, hinter den eigenen Spiegel zu schauen, hat ja immer auch eine schmerzliche Seite, die manche als dunkel und bedrohlich wahrnehmen. Es bedarf der fachkundigen Leitung, psychologischer Beratung und Therapie, damit sachgerecht umzugehen.

Ich konnte viele Beispiele schildern. Danken möchte ich allen, von denen ich erzählen durfte und die mir ihre Träume zur Verfügung gestellt haben. Namen habe ich dabei zu ihrem Schutz – wo nötig – geändert. Danken möchte ich auch all denen, die mich auf vielfache Weise beim Zustandekommen dieses Manuskripts unterstützt haben. Besonders meiner Freundin *Ingrid Krull* und meinem Mann danke ich für gemeinsames Überlegen. Herrn *Winfried Nonhoff* als Lektor im Kösel-Verlag danke ich für sein Engagement. Ohne ihn wäre dieses Buch überhaupt nicht zustande gekommen.

Hannelore Morgenroth
München, September 1988

Sich selbst begegnen

Einladung zum Fest

Das Gleichnis vom großen Festmahl
(Lukasevangelium 14,16-24)

Jesus sagte: Ein Mann veranstaltete ein großes Festmahl und lud viele dazu ein. Als das Fest beginnen sollte, schickte er seinen Diener und ließ den Gästen, die er eingeladen hatte, sagen: Kommt, es steht alles bereit! Aber einer nach dem andern ließ sich entschuldigen.

Der erste ließ ihm sagen: Ich habe einen Acker gekauft und muß jetzt gehen und ihn besichtigen. Bitte, entschuldige mich!

Ein anderer sagte: Ich habe fünf Ochsengespanne gekauft und bin auf dem Weg, sie mir genauer anzusehen. Bitte, entschuldige mich!

Wieder ein anderer sagte: Ich habe eine Frau genommen und kann deshalb nicht kommen.

Der Diener kehrte zurück und berichtete alles seinem Herrn. Da wurde der Herr zornig und sagte zu seinem Diener: Geh schnell auf die Straßen und Gassen der Stadt und hole die Armen und die Krüppel, die Blinden und die Lahmen herbei.

Bald darauf meldete der Diener: Herr, dein Auftrag ist ausgeführt; aber es ist immer noch Platz. Da sagte der Herr zu dem Diener: Dann geh auf die Landstraßen und vor die Stadt hinaus und nötige die Leute zu kommen, damit mein Haus voll wird. Das aber sage ich euch: Keiner von denen, die eingeladen waren, wird an meinem Mahl teilnehmen.

Leben ist Einladung zur Fülle

Es gibt Zeiten, da freue ich mich über eine Einladung. Eine Einladung zum Tee, zu einem festlichen Abendessen oder zum Geburtstag zum Beispiel. Das gibt dem Alltag Glanz und Farbe, und es macht dann auch Spaß, sich festlich anzuziehen, einen Lieblingsschmuck anzulegen und damit zu zeigen: Ja, ich komme gern! Es ist mir wichtig, daß ich eingeladen worden bin!

Manchmal geht es mir auch ganz anders. Ich mag keine Einladung annehmen; es ist mir »zu viel«. Dann ist anderes wichtiger, vorrangiger. Meist hat das gar nichts mit dem Einladenden zu tun, sondern eher mit mir selbst. Ich suche dann Entschuldigungen, möchte mich lieber verkriechen, als ein Fest feiern; und wenn ich doch hingehe, gehöre ich eigentlich nicht dazu.

Vielleicht kennen Sie das auch und haben deshalb Sympathie mit denen, die nicht auf »allen Hochzeiten tanzen«, die lieber absagen, die kein festliches Kleid finden können und daher gar nicht erst kommen. Es kann ja auch sein, daß wir erst noch etwas zu erledigen haben, bevor wir feiern können.

In vielen Mythen, Märchen und Sagen zeigt das Fest den glücklichen Ausgang einer gefahrvollen Reise an, die der Held oder die Heldin unternehmen mußte: Das Fest steht am Ende, wenn der Drache besiegt, der Schatz gefunden oder die Verzauberten erlöst sind. Voraus geht meist ein Weg der Suche, der Irrtümer und der Herausforderungen.

Auf der psychologischen Ebene ist das Fest daher ein Symbol für die Ganzheit, die Selbstwerdung, wo ich meinen Platz in dieser Welt gefunden habe, zusammen mit den anderen, die mit mir feiern.

Die theologische Ebene geht noch weiter. Im Fest des Reiches Gottes geht es um Versöhnung der Gegensätze, um »Vermählung« von Himmel und Erde. Das Fest ist ein kosmisches Fest, das alle Lebewesen mit einbezieht in die wiederhergestellte Einheit mit Gott. Mystiker und Visionäre haben nur in Bildern und Symbolen davon sprechen können. »Was wir sein werden, ist noch nicht offenbar geworden…« (1 Johannes 3,2)

Wenn ich nun die »Einladung zum Fest« in diesem Buch an den Anfang stelle, so meine ich nicht, daß uns der Weg erspart bliebe. O, nein! Aber auch der Weg ist schon eine Art Einladung, eine Einladung zum Fest des Lebens. Der Einladende ist Gott selbst, als die lebensspendende Fülle, die uns Menschen ins Leben entläßt.

Unter diesem Aspekt wird die Einladung in dem Gleichnis, das Jesus erzählt, allerdings drängender und unausweichlicher. Was ist mit denen, die sich dem Anruf der Fülle des Lebens verweigern?

Die Frage nach den Prioritäten im Leben

Ich möchte Sie einladen, sich mit den Entschuldigungen einmal näher zu befassen. Da heißt es: »Ich kann nicht kommen; denn ich habe mir einen Acker gekauft.« Ackern heißt doch, hart arbeiten, sich abmühen. Wenn einer sein Arbeits-Feld vergrößert und sich damit noch mehr Arbeit aufhalst, kann er

18

gleichzeitig nicht zu einem Fest kommen. Muß einem nicht auch Kain einfallen, der seinen Bruder auf einem Acker erschlug und damit das erste Schlacht-Feld der Rivalität eröffnete? Einen Acker kann man sich kaufen, eine Festwiese hat man damit noch lange nicht.

Leistung, Rivalität, Besitzvermehrung, das sind in unserer Gesellschaft Hauptthemen. Sie dienen unverändert als Entschuldigung dafür, nicht innezuhalten und einmal der Fülle des Lebens nachzuspüren. »Ach, Sie wissen doch, ich habe so viele Termine. Ich habe so wenig Zeit…« Und das längst fällige Gespräch unterbleibt, das Buch wird weggelegt, die Einladung zu einem Wochenende der Stille und Kreativität wandert in den Papierkorb. »Ein andermal – nicht jetzt…«

Die zweite Entschuldigung hängt oft mit der ersten zusammen: »Ich habe mir fünf Ochsengespanne gekauft.« Das bedeutet, daß ich mir etwas gekauft habe, mit dem ich mein Feld noch besser beackern kann. Welch ein Eigenleben diese angeblich arbeit- und zeitsparende Technik entwickeln kann, das ist geradezu unheimlich. Was eigentlich Arbeit abnehmen soll, hindert doch wieder daran, Zeit für das »Fest des Lebens« zu haben. Es scheint so, als hätten die grauen Herren aus Michael Endes »Momo«, die zum Zeitsparen verleiten sollen, immer wieder ihre Hände im Spiel. In Wirklichkeit stehlen sie die Zeit und vertreiben Muße und sorgloses Spiel.

Was ist gesparte Zeit, wenn das Rad der Arbeit und der Computertechnik sich immer schneller dreht und ich den Vogel nicht mehr singen höre und ich das Lachen meines Kindes nicht mehr hören kann?

Vertraut ist auch die dritte Entschuldigung: »Ich habe mir eine Frau genommen...« Für mich klingt dabei auch mit: »Ich habe mir eine Frau genommen, das genügt mir.« Im Ohr habe ich, was mir schon viele Männer sagten: »Meine Frau ist in unserer Familie diejenige, die für ›Soziales‹ zuständig ist. Sie denkt an die Geburtstage, besorgt die Geschenke und schreibt Briefe; kurz gesagt, sie hält die Kontakte. Dafür habe ich keine Zeit.«

Schlimmer noch ist es, wenn nicht nur die Beziehungen nach außen an die Frauen delegiert werden, sondern auch alles, was das seelische Leben nährt und wachsen läßt. Weitaus mehr Frauen als Männer beschäftigen sich mit Beziehungsfragen, innerem Wachstum und religiösen Fragen. Auch die Auseinandersetzung mit pädagogischen Problemen wird weitgehend Frauen überlassen. Was ist mit deren Partnern? Da gibt es eine große Zahl von Männern, denen es genügt, daß ihre Frauen sich mit all den genannten Themen beschäftigen, denn dann müssen sie es nicht selber tun. Und oft profitieren ja auch beide von dieser geheimen Symbiose. Der Mann hat eine Partnerin, die sich in seelischen Dingen gut auskennt: Eine gute Zuhörerin für alle seine Sorgen, eine Trösterin seiner Verletzungen im harten Rivalitätskampf des Berufslebens, eine verständnisvolle Therapeutin für seine psychologischen Ungereimtheiten. In dieser Richtung beschreibt Wilfried Wieck [1] in beachtlicher Selbstkritik die »Sucht des Mannes nach der Frau«. Es scheint kein Einzelfall zu sein, daß Männer ihre Frauen dazu brauchen, einen abgespaltenen Teil ihres Lebens auszuleben. Genügt die Partnerin diesen Ansprüchen nicht mehr, kriselt die Beziehung. Wenn sie nicht mehr im geforderten Maß auf ihn eingeht, wechselt er möglicherweise lieber die Partnerin, als seine persönliche Entwicklung als eigene Aufgabe zu übernehmen.

Und auf der anderen Seite erleben sich Frauen, wirtschaftlich oft ohne Einfluß, in ihrer Beziehung als mächtig und stark, als »Mütter« ihrer Männer in der Erfahrung, gebraucht zu werden, dabei aber in der Gefahr, ausgesogen und ausgelaugt zu werden bis hin zur Selbstaufgabe[2].

So kann die Verweigerung der Fülle des Lebens, des Wachstums, darin liegen, wenn ich an andere delegiere, was eigentlich meine Aufgabe ist, nämlich meinen Platz zu finden und zu gestalten – auf dieser Welt, in meiner Zeit und meinem Leben mit den Möglichkeiten, die ich habe. Es gibt Bereiche, in denen es keine Stellvertretung gibt. Da genügt es eben nicht, wenn *einer* in der Familie sich für »Religiöses« interessiert oder für »Soziales« einsetzt, für Erhaltung der Mitwelt oder für Frieden. Da bin *ich* gefragt, wer ich bin, wo ich stehe, was mir wichtig ist, und was meine Ziele sind.

Ob es Zufall ist, daß es lauter Männer sind, die im biblischen Gleichnis der Einladung zum großen Fest nicht nachkommen? Tiefenpsychologisch gesehen gehören ihre Argumente in den Bereich eher männlich geprägter Normen.

Es mag sein, daß viele Frauen bei den »Hecken und Zäunen« zu finden sind, bei den Gekrümmten und Blinden, bei den Stummen und Lahmen, bei denen, die gerne heil sein wollen und daher die Einladung zum Fest gerne annehmen.

**Die Einladung zum Fest nachvollziehen –
eine Phantasieübung**

Wenn Sie mögen, lassen Sie sich auf eine kleine Phantasieübung ein:

- Stellen Sie sich vor, Sie werden zu einem festlichen Essen eingeladen. So genau kennen Sie aber die Gastgeber gar nicht. Aber sie sind hochgestellte Persönlichkeiten.

- Welche Gedanken gehen Ihnen durch den Kopf, wenn Sie die Einladung bekommen?

- Welche Gefühle steigen auf?

- Gibt es Erinnerungen an ähnliche Einladungen?

- Welche Bedenken melden sich?

- Fallen Ihnen Gründe ein, daß Sie die Einladung nicht annehmen können?

- Und dann, trotz aller, vielleicht auch schmerzlicher Bilder, Gedanken und Gefühle, die Sie zögern lassen, zu dem Festessen zu gehen: Stellen Sie sich vor, Sie gehen doch hin.

- Sie kommen in den prächtig geschmückten Raum, und da ist ein Platz für Sie bereit. Sie werden erwartet. Sie sind willkommen.

- Sie machen sich auf und suchen den Platz, der für Sie gedeckt ist.

- Sie finden Ihren Platz und fühlen sich wohl. Um Sie herum sind Menschen, mit denen Sie sich gut verstehen.

- Und nun beginnt das Fest, und Sie sind dabei.

Sich neu in Bewegung setzen

**Die Heilung eines Gelähmten am Teich Betesda
(Johannesevangelium 5,1-9)**

*Einige Zeit später war ein Fest der Juden, und Jesus ging
hinauf nach Jerusalem. In Jerusalem gibt es beim Schaftor
einen Teich, zu dem fünf Säulenhallen gehören; dieser Teich
heißt auf hebräisch Betesda. In diesen Hallen lagen viele
Kranke, darunter Blinde, Lahme und Verkrüppelte. Dort
lag auch ein Mann, der schon achtunddreißig Jahre krank
war. Als Jesus ihn dort liegen sah und erkannte, daß er
schon lange krank war, fragte er ihn: willst du gesund
werden? Der Kranke antwortete ihm: Herr, ich habe keinen
Menschen, der mich in den Teich trägt, wenn sich das
Wasser bewegt. Während ich mich hinschleppe, steigt schon
ein anderer vor mir hinein. Da sagte Jesus zu ihm: Steh
auf, nimm deine Matte und geh! Sofort wurde der Mann
gesund, nahm seine Matte und ging.*

Was lähmt und passiv macht

Kürzlich hatten wir ein Baby zu Besuch, etwa sechs
Monate alt. Es war faszinierend mitzuerleben, wie es
auf seiner Decke auf dem Boden liegend mit aller
Kraft und großem Eifer versuchte, sich auszustrecken
und sich auf die bunten Gegenstände hinzubewegen,
die in seiner näheren Umgebung lagen. Welch eine

24

Freude, welch ein Triumph, wenn es erreicht hatte, was es wollte! Welche Energie, sich immer wieder Neuem zuzuwenden!

Dieses Baby war allerdings auch rundherum geborgen im Schutzraum seiner Mutter, die ihm vermittelte: Es ist gut, Neues zu entdecken; die Welt ist bunt, und du darfst sie kennenlernen! Du darfst deine eigenen Erfahrungen machen.

Aber was wäre, wenn die bunten Bälle und Rasseln und klingenden Hölzer zu weit entfernt wären, so daß das Kind sie nicht aus eigener Kraft erreichen könnte? Was wäre, wenn eine harte Hand sie ihm wegnähme und jemand sagen würde: Nein, das ist nichts für dich? Was wäre dann mit der Energie, das Leben zu entdecken, sich an dem Erreichten zu freuen und weiter auf die Suche zu gehen nach Neuem und Unbekanntem?

Hätte das zur Folge, daß sich dieses Kind nur an den Dingen freuen könnte und sie näher erforschen würde, die in seinem Laufstall oder Gitterbett eingegrenzt oder festgebunden sind? Würde es nicht sehr schnell lernen, daß die anderen unerreichbar sind, nur etwas für die Großen, Mächtigen, die »laufen« können.

Vielleicht würde es auch die Schlußfolgerung ziehen, daß Energie und Bewegung sich nicht lohnen, daß passiv Sein und Jammern mehr bringt. Irgendein »Großer« wird schon kommen und etwas zum Spielen bringen. Aber ob es das sein wird, was das Kind selber wollte?

Bei der Geschichte von dem, der achtunddreißig Jahre lang am Teich lag und wartete, mußte ich an die

Energie dieses kleinen Kindes denken: Was muß geschehen sein im Leben eines Menschen, wenn er so lange liegt und wartet, daß sich etwas bewegt? Was hat ihn gelähmt, so unfähig gemacht, sich auf seine eigenen Füße zu stellen?

Wir entdecken heute in einer ganzheitlich orientierten Medizin wieder mehr von den Zusammenhängen zwischen Leib und Seele, daß oft der Körper ausdrückt, was längst tief innen auf der seelischen Ebene geschehen ist.

Wir sagen, man sei »gelähmt vor Angst«. Das weist darauf hin, daß man auf eine furchterregende Situation in der Tat mit Lähmung reagieren kann. Noch Jahre später können Menschen fixiert sein auf das, was sie Schlimmes erlebt haben, besonders wenn sie zu diesem Zeitpunkt noch klein und verletzlich waren.

Viel kennen auch aus Träumen die Erfahrung, verfolgt zu werden und nicht weglaufen zu können. Man ist dann »gelähmt«, unfähig, sich zu bewegen. Meist wacht man dann erleichtert auf mit dem Gedanken: Gott sei Dank, es war nur ein Traum! Und doch mag sich in diesen Träumen wiederspiegeln, daß man in eine Sackgasse geraten ist, verfolgt von lebenshemmenden Erlebnissen und Botschaften, die in die Enge treiben und »lähmen«.

Wozu es gut ist, krank oder passiv zu bleiben

In einer meiner Gruppen haben wir uns intensiv mit dieser Heilungsgeschichte am Teich beschäftigt. Wir spielten alle Rollen durch. Einige von uns versetzten sich in die Rolle des Gelähmten. Dabei beschrieb eine Teilnehmerin ihre Erfahrung so: »Ich fühlte mich festgelegt, ich konnte nicht schauen, wohin ich wollte. Ich konnte nur die Decke sehen. Ich konnte auch nicht sehen, wer um mich herum war. Das war das Schlimmste, keinen Kontakt zu haben.«

Ein anderer dagegen meinte: »Ich fand das ganz gemütlich so. Einfach nur daliegen und nichts tun müssen. Mir tut das sehr gut, wenn sich dann jemand um mich kümmert.«

Beim weiteren Durchspielen der Geschichte übernahm Karin als eine der Teilnehmerinnen die Rolle des Wassers. Sie hatte dazu ein großes blaues Tuch zur Verfügung und konnte damit Wellen machen. Und es sollte sein wie in der biblischen Geschichte: Wer zuerst das »aufwallende Wasser« erreichte, sollte heil werden.

Alle anderen spielten verschiedene Kranke und warteten auf die Bewegung des Wassers. Beim Warten breitete sich ein allgemeines Gefühl der Lähmung aus. »Ich habe mich gewundert, wie passiv die Kranken sind«, sagte Karin später.

Nachdem sich dann endlich ein Teilnehmer mit einem schnellen Sprung ins »heilende Wasser« gerettet hatte, legte sich wieder die Passivität über alle. »Mein Leiden ist nicht so wichtig«, sagte Elisabeth und schaute sich um, wie es den anderen ginge. Es schien so, als ließen sich viele Kranke gegenseitig den Vortritt: »Nach Ihnen bitte.«

Das war die erstaunliche Erfahrung beim Rollenspiel, daß einen die »Lähmung« wie eine zweite Haut umgeben kann und auch die innere Aktivität einschränkt.

In einem weiteren Schritt der Annäherung an diese Heilungsgeschichte bat ich die Gruppenteilnehmer, sich zu zweit zusammenzutun. Sie sollten miteinander Kontakt aufnehmen, einer als »Gelähmter« und einer in der Rolle von Jesus. Wie schwer sie es diesem »Jesus« machten! Eine Mitspielerin sagte: »Mein Eindruck war, daß sich die Kranke, mit der ich sprach, sehr gemütlich in ihrer Krankheit eingerichtet hatte. Sie freute sich darüber, daß sie versorgt wurde, und darüber, was sie alles nicht tun mußte, so daß ich mich kaum zu fragen traute: Willst du gesund werden?« Und Monika, die die Kranke spielte, bestätigte das: »Am liebsten hätte ich auch ›Nein‹ geantwortet. Gesund sein ist mir zu unbequem. Ich wußte einen Moment lang wirklich nicht genau, was mir besser gefallen würde.« Ähnlich erging es auch den anderen beim Spiel: Einer hatte es mit einer so hartnäckigen »Kranken« zu tun, daß er gar nicht dazu kam, die Frage zu stellen: »Willst du gesund werden?« Sein Eindruck war: Wenn ich noch weiter zuhöre, werde ich selber krank.

Nur einer aus dieser Runde, der es sich zunächst auch sehr bequem in seiner Krankheit eingerichtet hatte, beschloß, aus seiner Passivität herauszugehen. Herbert sagte von sich: »Mir hat gefallen, daß meine Gesprächspartnerin in der Rolle Jesu kein Helfersyndrom hatte, so von oben herab: Jetzt tu' ich was Soziales. Nein, dieser ›Jesus‹ hat eine aufrichtige Beziehung zu mir hergestellt. Mir wurden Kräfte zugesagt, daß ich es schaffen kann, auch nach so langer Zeit. Er hat meine Ängste und Zweifel ernst genommen und auch gesagt, daß es kein bequemer Weg sein wird, neu gehen zu lernen. Er hat mir außerdem Unterstützung bei den ersten Schritten angeboten.«

Ist es das, was Heilungskräfte weckt, was aufrichtet: Eine »aufrichtige« und aufrichtende Beziehung?

Und doch gibt Jesus letztendlich die Verantwortung dem Kranken zurück mit der Frage: Willst du gesund werden? Oder mit der Aufforderung: Steh auf! Und es ist Sache des Kranken, aufzustehen und sich neu in Bewegung zu setzen. Das war eine der eindrücklichsten Erfahrungen dieses Seminar-Abends.

Und so ist es bis heute: Elisabeth berichtet von zwei Bekannten, die beide an Krebs erkrankt sind. Die eine setzt sich in Bewegung und ist bereit, sich mit der Botschaft ihrer Krankheit auseinanderzusetzen. Der andere ist in Passivität verfallen. »Da red' ich und red'ich und mach' mir Gedanken um seine Krankheit und er selber tut nichts.«

Wie stark Passivität sein kann, das war die zweite Entdeckung dieses Abends. Je passiver der Kranke, um so aktiver der Helfer – solange keiner die Schlüsselfrage stellt: Willst du gesund werden? Wirklich? Oder was willst du mit deiner Krankheit, mit deinem Gelähmtsein eigentlich mitteilen? Denn daß du in diese Krankheit wie in eine zweite Haut geschlüpft bist, das hat doch eine Ursache! Was hat dich gelähmt, was hat deine Lebensenergie so blockiert, daß du so darniederliegst?

Der Kranke im biblischen Text gibt seine Antwort: »Ich habe keinen Menschen, der mich … trägt.« Und das mag auch die Ursprungssituation von Kind auf gewesen sein, daß er keine tragende Beziehung hatte. Vielleicht war er fallengelassen worden und hatte nie eine aufrichtige und liebevolle Bindung kennengelernt.

Und so warten viele Menschen achtunddreißig Jahre oder länger darauf, daß etwas von außen geschieht, daß jemand kommt, sie trägt, tröstet und ihnen ihre Defizite ausgleicht. Ihre Fixierung wird ihnen zur zweiten Haut, so daß sie oft gar nicht mehr wissen, wer sie sind oder einmal waren; bis einer kommt, der sie zum Leben verlockt, ihre innere Bedürftigkeit nach Leben wahrnimmt, und eine »aufrichtige« Beziehung aufbaut – so wie Herbert von seiner Gesprächspartnerin in der Rolle von Jesus sagt.

Dies sind Erfahrungen, die Menschen auch in der Therapie machen können: Da ist einer oder eine, die geht mit mir die ersten Schritte, wenn ich mich neu in Bewegung setze, wenn mich so viel Neues und Ungewohntes erschreckt. Wenn die Schutzhülle des Gewohnten wegfällt, kommen ja neue Schmerzen hoch. Da habe ich jemanden nötig, der bei mir ist.

Menschen, die sich diese Begleitung der ersten Schritte nicht suchen, die zu schnell »gesund« werden und sagen: »Es geht schon«, werden oft erneut krank. Manchmal bekommen sie eine ganz andere Krankheit als vorher. War es erst der Rücken, so ist es jetzt das Herz, das schmerzt. Symptomverschiebung nennt man das in der Psychosomatik.

Ob der Geheilte sich noch einige Zeit bei Jesus aufgehalten haben mag? Ich wünsche es ihm.

Es mag sein, daß manche über dieser Heilungsgeschichte sehr traurig werden, weil sie an einer unheil-

baren Krankheit leiden oder mit einer schweren Be-
hinderung leben müssen. Klingt in deren Ohren die
Frage »Willst du gesund werden?« nicht wie Hohn?
Ich denke in diesem Zusammenhang an eine indische
Ärztin, die durch einen Autounfall querschnittsge-
lähmt wurde und fast am Leben zerbrochen wäre.
Über ihre Erfahrungen hat D. Wilson eine Biographie
geschrieben, die mich als Studentin sehr beeindruckt
hat. »Um Füße bat ich, und er gab mir Flügel«[3], so ist
der Titel; und er zeigt an, welche Wandlung diese
Frau durchgemacht hat, daß sie trotz bleibender Be-
hinderung ein Leben führen konnte, berührt von der
Heilkraft Gottes. Viele Behinderte und Schwerkranke
machen diese Erfahrung der Kraft und der Geborgenheit. Sie finden trotz allem ihren Platz in diesem Leben
und sind »in Bewegung«, oft beschämend für uns
»Gesunde«, die wir uns manchmal viel »gelähmter«
vorkommen.

**Will ich mich selbst neu in Bewegung setzen?
Anleitung zu einer Phantasieübung**

• Setzen Sie sich entspannt hin. Achten Sie auf Ihren
  Atem, wie er durch Sie hindurchströmt.

• Versetzen Sie sich mit den Bildern Ihrer Phantasie
  an den Teich Betesda und schauen Sie sich um,
  wie es dort aussieht.

• Viele Kranke lagern dort. Nehmen Sie sie wahr.

- Stellen Sie sich vor, daß Sie mitten unter den Kranken sind, und wenn Sie mögen, denken Sie an etwas, wo Sie sich im Moment kraftlos und »wie gelähmt« vorkommen.

- Was fällt Ihnen dazu ein?

- Welche Gefühle nehmen Sie wahr?

- Es kommt einer zu Ihnen, schaut Sie an, bleibt bei Ihnen stehen. Es ist Jesus. Er nimmt Kontakt auf.

- Er fragt: »Willst du gesund werden?« »Willst du dich neu in Bewegung setzen?«

- Nehmen Sie sich Zeit und spüren Sie dieser Frage nach: Willst du dich neu in Bewegung setzen?
  Willst du wieder kraftvollen Anteil am Leben haben?
  Was hindert dich daran?
  Womit hinderst du dich selbst daran?
  Was wäre, wenn du wieder neue Energie hättest?

- Mitten in Ihren Überlegungen können Sie den Anruf hören: »Steh auf! Setz dich in Bewegung! Nimm deine Matte, die dich so lange getragen hat, und trage du sie!«

- Überlegen Sie, was Sie für Ihre ersten Schritte brauchen.

- Nehmen Sie Abschied vom Teich Betesda. Kehren Sie zurück in Ihre eigene Umgebung und schauen

Sie sich dort um. Es kann nämlich sein, daß die biblische Geschichte sehr nahegeht. Wichtig ist aber zugleich, daß man dabei auch ganz bei sich selbst bleibt und bei der eigenen Wirklichkeit. Nehmen Sie sich Zeit, bevor Sie weiterlesen.

Die blinden Flecke erkennen

Die Heilung des blinden Bartimäus
(Markusevangelium 10,46-52)

*Als Jesus mit seinen Jüngern und einer großen Menschen-
menge Jericho wieder verließ, saß an der Straße ein blinder
Bettler, Bartimäus, der Sohn des Timäus. Als er hörte, daß
es Jesus von Nazareth war, fing er an zu schreien: Jesus,
Sohn Davids, hab' Erbarmen mit mir! Viele wurden ärgerlich und befahlen ihm zu schweigen. Er aber schrie noch
viel lauter: Sohn Davids, hab' Erbarmen mit mir! Jesus
blieb stehen und sagte: Ruft ihn her! Sie riefen den Blinden
und sagten zu ihm: Hab' nur Mut, steh auf, er ruft dich.
Da warf er seinen Mantel weg, sprang auf und lief auf Jesus
zu. Und Jesus fragte ihn: Was willst du, daß ich dir tun
soll? Der Blinde antwortete: Rabbuni (unser Meister), ich
möchte wieder sehen können. Da sagte Jesus zu ihm: Geh!
Dein Glaube hat dir geholfen. Im gleichen Augenblick
konnte er wieder sehen, und er folgte Jesus auf seinem Weg.*

Wozu es oft gut ist, die Augen zu verschließen

»Das kann ich nicht sehen«, sagen manche und schalten beim Fernsehen auf ein anderes Programm, weg
von der Reportagesendung, bei der es zum Beispiel
um Umweltzerstörung durch Ölkatastrophen geht
und Tausende von verendenden Vögeln gezeigt

werden. Sie schalten auf ein Programm um, wo es etwas »Besseres« zu sehen gibt.

»Das kann ich nicht sehen« heißt: Ich kann es nicht ertragen, ich muß es mir vom Leibe halten, sonst... Was könnte denn eigentlich passieren, wenn ich es über meine Augen in mich hineinließe? Es muß etwas Beunruhigendes sein, so beunruhigend, daß ich es lieber nicht wahrhaben will.

Die Augen verschließen heißt, sich nicht berühren lassen, nicht weinen, den Schmerz und die Hilflosigkeit nicht spüren, sondern lieber das Thema wechseln. Die Augen verschließen heißt, die Angst wegschieben in der kindlichen Hoffnung: Wenn ich das Schreckliche nicht sehe, ist es auch nicht da! Die Augen verschließen heißt, sich schützen, weil man keinen anderen Weg weiß.

So schützt sich das Kind, das zum Beispiel die immer wiederkehrenden Streitereien seiner Eltern nicht ertragen kann, nicht sehen mag, indem es sich in seine eigene Spiel- und Phantasiewelt zurückzieht, um sich abzuschirmen und abzugrenzen. Gerade wenn die Räumlichkeiten beengt sind, können Bücher oft eine gute Möglichkeit sein, den familiären Auseinandersetzungen zu entfliehen und lieber mit Winnetou über die Prärie zu reiten, als den Realitäten »ins Auge« zu blicken, die unter Umständen große Angst hervorrufen.

Der Bioenergetiker Alexander Lowen zeigt Zusammenhänge auf zwischen Angst- und Streßsituation des Kindes und einsetzender Kurzsichtigkeit. Was das Kind nicht sehen will, weil es ihm zu viel Angst macht, kann einen permanenten Spannungszustand im Körper und ganz besonders in der Augenmuskulatur erzeugen. Irgendwann zieht sich das Kind zurück in seine Nahwelt und »gibt es auf, in die Welt hinauszublicken«[4]. Es kann sich also auch im Körperlichen manifestieren, wenn man etwas nicht sehen will. Das trifft besonders für Kinder zu, die noch so verletzlich sind und sicher auch eine gewisse organische Bereitschaft mitbringen.

Ich selber träumte immer wieder in Streßsituationen, daß meine Augen ein paar Dioptrien schlechter würden oder daß ich wegen einer neuen Brille zum Optiker müßte. Mein Ausbildungstherapeut fragte dann folgerichtig: »Was willst du im Moment nicht sehen?« Und diese Frage öffnete mir den Blick dafür, was ich bisher nicht wahrnehmen konnte. So sah ich zum Beispiel meine Angst oder meine eigene Bedürftigkeit neu.

Verschiedene Brillen für die Wirklichkeit

Es gibt ja nicht nur die Möglichkeit, die Augen zu verschließen oder die Dinge verschwommen zu sehen, um sich vor Unangenehmem zu schützen, sondern es gibt eine ganze Reihe von »Brillen«, die Wirklichkeit unterschiedlich wahrzunehmen.

Da erwartet zum Beispiel eine Frau einen ganz bestimmten Besuch und räumt auf und putzt wie wild die gesamte Wohnung. Nichts darf mehr herumliegen. Einen solchen Wirbel macht sie nicht, wenn die Freundin zu Besuch kommt. Warum dann ausgerechnet jetzt? Ist es Mutters »Brille«, durch die sie diesen

Besuch sieht? Daß sie sich nämlich nicht gut fühlen darf, wenn nicht alles »in Ordnung« ist? Wer hat denn früher definiert, was »in Ordnung« ist? Wem sollte sie es damals recht machen?

Da ist der Mann, der zu einer beruflichen Fortbildung fährt. Er wird dort vermutlich niemanden kennen. Beim Gedanken daran ist ihm etwas unbehaglich zumute. So schafft er es nicht, rechtzeitig von zu Hause wegzukommen und kommt zu spät. Als er in dem Tagungszentrum eintrifft, sind alle in ein lebhaftes Gespräch verwickelt und er denkt: Da werde ich es wohl schwer haben, weil sich alle schon kennen. Und er fühlt sich fremd und nicht zugehörig. (Wie damals, als er als Flüchtlingskind in ein Dorf kam und nicht dazugehörte).

Am ersten Abend gibt es Gelegenheit zum Tanzen. Man steht an der Bar herum. Und wieder stellt er sich etwas abseits. Eine Gruppe junger Damen in seiner Nähe lacht. Es kommt ihm vor, als ob sie zu ihm herüberschauten. Er wird unsicher. Ob sie über ihn lachen? Und er fühlt sich falsch angezogen. (Wie damals als Kind, als er mit seinen Klassenkameraden nicht mithalten konnte.) Und weil er so angestrengt zuhört, was die jungen Damen wohl sagen, merkt er gar nicht, daß sich eine neben ihn gesetzt hat. Als seine Nachbarin ihn anredet, fährt er zusammen, stößt sein Rotweinglas um und alles kippt über seine Hose. Schamrot steht er auf und verläßt fluchtartig den Raum. Und diesmal lachen einige wirklich über ihn. Was wird er jetzt denken?

Dieser Mann hat die verzerrende Brille seiner Vergangenheit aufgesetzt, mit der er seine Umgebung interpretiert. Nicht immer geht es so dramatisch zu, meist viel leiser und unauffälliger. Die Betreffenden merken es ja oft auch gar nicht. Sie nehmen ihre eigene Interpretation der Wirklichkeit als reales Geschehen an. Dabei sehen sie ihre Umgebung durch ihre eigene »Brille«, die allerdings aus realen Erfahrungen und Schlußfolgerungen aus der Vergangenheit entstanden ist. Dies ist meist nicht mehr bewußt. Das Fatale daran ist, daß man oft selbst herbeiführt, was man befürchtet und was die eigene Weltsicht bestätigt.

Dafür gibt es eine sehr wirkungsvolle Übung. Ich habe sie in einem psychologischen Fortbildungsseminar kennengelernt. Die zwanzig Teilnehmer waren sich gegenseitig überwiegend fremd. Die meisten sahen sich zum ersten Mal. Der Therapeut schlug vor, sich umzusehen und sich mit jemandem zusammenzutun, der einem vom ersten Eindruck her eher unsympathisch war. Man bekam die Aufgabe, sich dem Betreffenden gegenüberzusetzen, ihn anzuschauen und dann die Augen zu schließen und nach innen zu sehen mit der Frage: An welche Person aus meiner Vergangenheit erinnert mich mein Gegenüber so negativ? Das war zwar nicht immer gleich faßbar, doch das Ergebnis war verblüffend. Beim einen waren es die Augen, die an den eher unangenehmen Pfarrer der Kinderzeit erinnerten, beim anderen tauchte das Bild der verhaßten Tante auf, die einen immer an sich drücken wollte. Ungeliebte Lehrer oder längst vergessene Klassenkameradinnen saßen auf diese Weise mit im Raum. Unsichtbar gegenwärtig in der Tiefe des Unbewußten wurden sie übertragen auf die Personen in diesem Seminar, die man noch nicht kannte. Stimme, Gesichtsausdruck, eine bestimmte Bewegung brachten die damit verbundenen Gefühle in Schwingung.

Diese Übung war für alle sehr beeindruckend, weil uns erfahrbar wurde, wie sich Bilder aus der Vergangenheit über die gegenwärtigen zwischenmenschlichen Beziehungen legen, wie wir gleichsam alle eine »Brille« aufhaben, durch die wir Begegnungen mit uns bisher unbekannten Menschen erst einmal filtern und einordnen. Es war gut, sich dieser »Brille« bewußt zu werden und sie dann abzulegen, um eine neue Erfahrung mit dem realen Gesprächspartner zu machen.

Wie solche »Brillen« noch aussehen können? Vielfältig sind die Erfahrungen mit depressiven Verstimmungen, wenn man die bunten Farben nicht mehr sieht und alles grau in grau getönt wirkt. Umgekehrt taucht die »rosarote Brille« der Verliebten alles in bunte Farben und überspielt dabei auch die Schatten. Es gibt auch Brillen, durch die man andere größer sehen kann, als sie eigentlich sind. Da ist die Frau, die sich grundsätzlich immer zurückstellt; ihre Grundüberzeugung heißt: Ich bin nicht wichtig, die anderen sind viel wichtiger, bedeutender und größer. Ebenso gibt es die umgekehrte Sichtweise, bei der man die anderen viel unwichtiger und kleiner einschätzt als sich selbst und über deren Bedürfnisse hinwegsieht.

Unsere Sprache ist voll von Redewendungen, die auf solche »Sehstörungen« hinweisen. Wir reden von Scheuklappen vor den Augen und meinen damit, daß einem die Weite fehlt, auch nach rechts und links blicken zu können. Jesus meint, daß man eher den Splitter im Auge eines anderen sieht als den Balken im eigenen Auge. Wir nennen das eine Projektion, wenn wir Unangenehmes, das wir bei uns selbst nicht wahrhaben wollen, auf einen anderen schieben.

Wie verhängnisvoll sich eine von Kindheit auf verdrehte Optik auswirken kann, möchte ich am Beispiel einer Klientin aufzeigen, die als Kind von ihrem Vater sexuell mißbraucht worden ist. Als dieser deswegen ins Gefängnis mußte, wurde sie von ihrer Mutter und ihren Geschwistern nicht unterstützt, sondern im Stich gelassen, so daß ihr Eindruck war: Ich bin schuld, daß der Vater im Gefängnis ist und die Familie geächtet. Hiermit wurde das Opfer zur Schuldigen gemacht. Noch nach Jahren warf ihr Bruder ihr vor, daß sie wohl alles aufgebauscht habe, und erst die entschlossene Haltung der inzwischen erwachsenen Frau, sich Einsicht in die Gerichtsakten zu verschaffen, brachte ihr ein Stück Klarheit. Nicht sie war die Schuldige, sondern ihr Vater, der sich nicht nur an sie, sondern auch an andere kleine Mädchen herangemacht hatte. Doch die tieferen Schuldgefühle, nicht in Ordnung zu sein, die Ängste des kleinen Mädchens, kommen erst in der therapeutischen Begleitung zum Vorschein, indem sie lernt, ihre Sichtweise wieder umzudrehen.

Die alten, vertrauten »Brillen« abnehmen, die Augen öffnen, da wo man sie verschlossen hat, neu sehen lernen, das ist meist ein schmerzhafter Prozeß. Das hat zur Folge, daß manche Leute lieber schnell wieder nach ihren gewohnten Brillen greifen, die ihnen so viele Jahre Schutz gegeben haben, statt die Dinge jetzt neu und vielleicht umgekehrt zu sehen.

Wer neu sieht, kommt auch mit den weggedrängten Gefühlen in Kontakt. Sich nicht mehr selbst schuldig fühlen, sondern den realen Tatsachen ins Auge schauen, bedeutet im Fall der jungen Frau, daß sie ihre frühere Verlassenheit spürt, wie ausgeliefert und ungeschützt sie war, vom Vater mißbraucht, von der Mutter mißachtet – das zu sehen und zu spüren, tut weh. Mehr als einmal stellt sie sich die Frage, ob sie das alles wirklich sehen will.

An dieser Stelle kommt mir der blinde Bartimäus wieder in den Blick. Mir gefällt an ihm seine kraftvolle Entschlossenheit. Er kann nichts um sich herum sehen, aber er kann hören.

Er hört, daß Jesus in der Nähe ist. Was mag er alles schon von ihm gehört haben? Heilvolles, Kraftvolles, so daß er laut rufen kann: Jesus, Sohn Davids, hab' Erbarmen mit mir! Mit diesem Anruf rückt der Blinde Jesus in die Nähe Gottes, von dem er Heil erwartet. Und mit diesem heilgebenden Gott will er Kontakt aufnehmen, auch gegen den Widerstand vieler Umstehender.

Und Jesus bleibt stehen und wendet sich dem Blinden zu mit der Frage: Was willst du, daß ich dir tun soll? Der Blinde ist gefragt: Was will ich wirklich? Sehen bedeutet, das gesamte Leben verändern. Will ich das? Schaffe ich es, damit umzugehen? Brauche ich nicht Schutz für meine ersten Schritte?

Und dann gibt er seine Antwort: »Ich möchte wieder sehen können.«

Dieser Satz enthält das Zutrauen, daß es gut ist, zu sehen. Daß Klarheit bessser ist, als im Dunkeln oder Trüben zu sitzen, auch wenn es weh tut, ins Helle zu blicken, wenn die Augen so lange verschlossen waren. Daraufhin antwortet Jesus: »Geh, dein Glaube hat dir geholfen!« In diesem »Geh!« (griechisch hypage) steckt auch sprachlich die Bedeutung: »Brich auf ins Neue!«

Als Bartimäus wieder sehen kann, geht er einen neuen Weg. Er geht mit diesem Jesus mit, er bleibt in seiner Nähe. Er scheint sehr deutlich zu spüren, daß er jetzt Hilfe braucht für seine ersten Schritte.

Dieser Aufbruch ins neue Sehen ist auch nicht ohne Gefahr. Viele Klienten erleben erst recht dann, wenn ihnen »die Augen aufgegangen sind«, tiefe depressive Phasen oder suizidale Phantasien. Wie wichtig ist dann die therapeutische Beziehung, die Schutz gibt, die trägt, die begleitet auf den neuen Wegen! Heilwerden ist kein Schnellverfahren, sondern ein Weg, wo man Behutsamkeit und Schutz braucht.

Neu sehen lernen – eine gelenkte Phantasie

Wenn Sie mögen, nehmen Sie sich für diese Phantasieübung etwas Zeit. Vielleicht lesen Sie sie erst einmal durch und entscheiden dann, ob bzw. wann Sie sich näher darauf einlassen können.

Und nun setzen Sie sich bequem hin und lassen Ihren Atem ganz durch Ihren Körper hindurchströmen. Es atmet in Ihnen ein und aus, wie die Wellen des

Meeres, die immer wieder ans Ufer rollen. Finden Sie Ihren eigenen Rhythmus mit Ihrem Atem.

Stellen Sie sich vor, Sie sind in der Menge, die sich durch das Tor von Jericho schiebt. Viele Menschen sind um Sie herum. Sie lassen sich mittreiben. Irgendwo ist auch Jesus, von dem schon viel zu hören war. Sie können ihn nicht sehen. Sie können aber hören, wie plötzlich einer schreit: »Jesus, Sohn Davids, hab' Erbarmen mit mir!«

Sie hören auch andere ärgerliche Stimmen, die rufen: »Was soll das Geschrei? Sei still!«

Wie geht es Ihnen, wenn Sie das hören?

Vielleicht kennen Sie das auch, daß jemand zu Ihnen sagt oder gesagt hat: »Sei still!« Und nun hören Sie jedoch voller Erstaunen, daß der, der geschrien hat, noch lauter schreit: »Jesus, Sohn Davids, hab' Erbarmen mit mir!«

Er läßt sich nicht kleinkriegen. Er ruft noch lauter nach dem, der ihm helfen soll.

Sie sind neugierig, diesen Menschen zu sehen. Und da sitzt er am Wegrand, ein blinder Bettler, Bartimäus heißt er.

Nun schlüpfen Sie selber einmal in die Rolle des blinden Bartimäus. Stellen Sie sich vor, Sie sind es, der dringend Hilfe braucht.

Sie können vieles nicht sehen. Aber nach innen können Sie auf Ihr Leben schauen:

Vor vielen Dingen habe ich die Augen zugemacht.

Was will ich nicht erkennen?

Was ist es, was ich im Moment nicht erkennen will?

Da höre ich, Jesus ist in der Nähe. Jesus, in dem die

Heilkraft Gottes wohnt. Da schreie ich: Jesus hab' Erbarmen mit mir!

Aber da sind plötzlich Menschen, die mich zurückdrängen, die meine Worte ersticken wollen.

Ich kenne das. Ich kenne, daß sich Widerstand erhebt, wenn ich etwas Neues in den Blick bekomme, zum Beispiel etwas, was für mich gut ist. Aber ich gebe nicht auf. Ich rufe noch lauter: Jesus, Sohn Davids, hab' Erbarmen mit mir!

Ich spüre, wie bedürftig ich bin, und es ist in Ordnung, meine Bedürftigkeit zu erkennen.

Da steht Jesus vor mir. Ich sehe ihn nicht, aber ich fühle, er ist da. Er wendet sich mir zu.

Er fragt mich: »Was willst du, daß ich dir tun soll?«
Ich spüre dieser Frage nach, die Jesus an mich richtet: Was willst du, daß ich dir tun soll? Was will ich, was brauche ich im Moment?

Ich gebe ihm meine Antwort.

Ich erfahre, wie neue Kraft mich durchströmt. Ich spüre, wie meine Augen sich öffnen.

Ich sehe. Ich sehe Jesus.

Ich sehe neu, mich selbst, und was ich brauche, und auch die Menschen um mich herum. Ich spüre, daß mein Leben sich verändern wird aus einer neuen Kraft heraus. Ich bin auch unsicher und habe Angst. Aber ich sehe es jetzt: Ich bin nicht allein. Da ist jemand, mit dem ich weitergehen kann.

Und nun kommen Sie langsam wieder zurück von Ihrer Begegnung mit Bartimäus und Jesus. Atmen Sie ein paarmal tief durch, bewegen Sie ihre Hände und Füße. Auch ist es gut, sich zu recken und sich zu strecken und dabei aufzustehen.

Worauf ich höre

Achtet auf das, was ihr hört!
(Markusevangelium 4,24)

Wer mein Wort hört und glaubt dem, der mich gesandt hat, der hat ewiges Leben.
(Johannesevangelium 5,24)

Wozu es gut ist, sich taub zu stellen

Als mein jüngster Sohn vier oder fünf Jahre alt war, hatte er häufig eine Mittelohrentzündung. Er brauchte dann ganz besonders viel Zuwendung; denn das war ja eine schmerzhafte Sache. Irgendwann fiel mir auf, daß oft heftige Auseinandersetzungen vorausgegangen waren, in denen ich meinen Ärger über sein Verhalten geäußert hatte. Als Reaktion darauf hatte er sich die Ohren zugehalten, was mich natürlich noch wütender machte. Ich wollte ja, daß er mir zuhörte, meine Begründungen verstand und sein Verhalten änderte. Aber war meine Art für einen so kleinen Jungen die richtige? Oder wollte er mir mit seiner Körpersprache nicht vielmehr mitteilen: »Ich kann das nicht hören, nicht aushalten! Ich bekomme Angst, daß du mich nicht mehr magst.« Wenn man meint, etwas nicht hören und ertragen zu können, ist es eine schützende Gebärde, sich die Ohren zuzuhalten.

Im Deutschen Museum in München kann man an einem Experiment teilnehmen, bei dem künstliche Blitze erzeugt werden. Vor der Demonstration wird empfohlen, sich die Ohren zuzuhalten, um sich vor dem folgenden Donnerschlag zu schützen.

Solche Vorsorge auch vor anderen »Donnerschlägen« haben wir auf vielfältige Weise gelernt. Unsere Sprache schildert dies anschaulich: »Die Ohren auf Durchzug stellen«, »zum einen Ohr hinein, zum anderen Ohr hinaus«, »sich taub stellen«. Wie wenig nützt jedoch oft dieses innerliche »Ohren zuhalten«. Wieviel bleibt hängen, rutscht tiefer, so daß es außerhalb unserer Wahrnehmung ruht, um dann wieder unvermutet aufzutauchen!

An einem Seminarabend bat ich die Gruppenteilnehmer, sich kurz zurückzuziehen und aufzuschreiben, welche Sprüche und Sätze aus der Kindheit ihnen einfallen, bei denen sie sich am liebsten die Ohren zugehalten hätten. Der nächste Schritt war, daß sich die Gruppe aufteilte: Die einen sollten nur zuhören, die anderen sollten im Raum umhergehen und ihre Sätze den anderen laut sagen, ihnen buchstäblich an den Kopf werfen. Danach sollten die Rollen gewechselt werden. Erst zaghaft, dann zunehmend lauter prasselten die Sätze auf die Zuhörenden nieder: »Dir ist kalt, zieh dir die Jacke an!« – »Solange du die Füße unter meinen Tisch streckst, hast du zu tun, was ich sage!« – »Mutter hat immer recht!« – »Laß das, das kannst du nicht!« – »Du bist ja blöd!« – »Was werden die Nachbarn denken!« – »Das tut man nicht!« – »Wer nicht hören will, muß fühlen« – »Zuerst die Gäste« – »Du mußt tun, was man dir sagt!« – »Ich will ja nur dein Bestes!« – »Du machst mich ganz krank!« – »Du bringst mich noch ins Grab!« Und vieles mehr.

Der Impuls bei den Zuhörenden war groß, sich die Ohren zuzuhalten, sich taub zu stellen, nichts von diesen schlimmen Dingen zu hören. Und doch hatten viele von uns diesen Sätzen nicht ausweichen können. Wir tauschten uns darüber aus, welcher Satz für jeden von uns der Schlimmste war, tasteten uns heran an die alten Wunden und kamen in Kontakt mit den kleinen verletzten Kindern in uns.

Da erzählte Elisabeth, wie schlimm es für sie als Kind war, wenn Gäste bei Tisch immer den Vorrang hatten und aus der Fülle nehmen durften. Auch im Geschwisterkreis mußte sie als kleines Mädchen immer wieder zurückstehen. So vertiefte der Spruch »Zuerst die Gäste« ihren Lebensgrundsatz: »Ich bin nicht so wichtig. Die anderen sind wichtiger!«

Und Corinne fällt der Spruch ein: »*Ein* Löffel voll wird gegessen.« Sie erinnert sich mit Grausen, daß sie immer wieder auch von ungeliebten Speisen wenigstens einen Löffel voll essen mußte.

Erst als Herbert noch weiter in sich hineinhört, fällt ihm der schlimmste Satz wieder ein, den seine Mutter zu ihm gesagt hatte: »Mir ist alles zuwider, und am meisten bist du mir zuwider!« Und seine Stimme ist am Zerbrechen, als er dies sagt. Er weiß, daß er mit diesem Satz und mit der dahinter stehenden gestörten Beziehung zu seiner Mutter schon lange zu tun hat, und daß sein oft labiles Selbstwertgefühl wohl damit zusammenhängt.

Wenn wir manche der genannten typischen Sätze einmal genauer unter die Lupe nehmen, entdecken wir, was darin mitschwingt und was das Kind in uns so tief verletzt hat.   Da ist z.B. der Satz, den Lisa ständig zu hören bekam: »Die Eltern haben immer recht.« Sie berichtet, wie ohnmächtig sie sich gefühlt hat, wie ausgeliefert, weil tief innen sie oft genau wußte: »Das stimmt nicht, das kann gar nicht stimmen!« Wieviel Abwertung des Kindes, seiner Bedürfnisse, seiner Denkfähigkeit und seiner Gefühle schwingt in diesem Ausspruch mit.   In welche Verwirrung muß ein Kind geraten, das merkt, je größer es wird: Was die Eltern da sagen, kann gar nicht stimmen. Oder doch? Wer hat recht? Muß einer immer recht haben? Gibt es nicht oft auch verschiedene Standpunkte?

Und welcher Machtanspruch schwingt mit in dem Satz: »Ich will doch nur dein Bestes«! Hört man genau hin, merkt man den Widerspruch: »nur« – das klingt wenig. »Dein Bestes« – das ist unendlich viel, das ist alles Wichtige, alles Gute, was dem Kind gehört. Und das wollen Mutter oder Vater, wenn sie dies zu ihrem Kind sagen? So versteckt sich der Anspruch, einen anderen Menschen als Eigentum besitzen zu wollen. In dem harmlos klingenden Satz, der meist mit guten Ratschlägen einhergeht, wird dem Kind das Recht und die Fähigkeit abgesprochen, selbst für sein Recht und für sein »Bestes« zu sorgen bzw. herauszufinden, was sein »Bestes« im Moment ist.

Kinder, die solche Sätze häufig gehört haben, werden oft als Erwachsene sehr unsicher, was sie selbst wollen und brauchen, hatten sie doch früher oft nur die Möglichkeit, es der Mutter recht zu machen.

»Laß, das kannst du nicht!« Das ist oft schnell dahingesagt. Aber es vermittelt: »Du bist zu ungeschickt, zu klein, zu dumm – Du kannst das nicht.« Der Vater, der seinem Kind das Werkzeug aus der Hand nimmt und es selber macht, anstatt dem Kind Schritt für Schritt zu zeigen, wie es funktioniert, braucht sich später nicht über seinen ungeschickten Sohn oder die Tochter zu beklagen. Denn wie schnell verinnerlicht ein Kind: »Das kann ich nicht. Das schaff ich nicht.« Oder wie selbstverständlich spricht der Satz: »Dir ist kalt, zieh dir eine Jacke an!« dem Kind die eigene Wahrnehmung ab. Es müßte wohl heißen: »Mir ist kalt und deshalb meine ich, du müßtest auch frieren.« Hier werden die Ich-Grenzen verwischt, und das Kind lernt nicht, seinen eigenen Gefühlen und Körperempfindungen zu trauen und gut für sich selbst zu sorgen.

Am tiefsten treffen wohl solche Sätze: »Du bringst mich noch ins Grab!« oder »Du machst mich krank!«. Eingesetzt werden sie als Mittel zur Anpassung »Tu, was ich will, sonst...« Und mit dieser furchtbaren Drohung bürden sie dem Kind eine Last auf, die es nicht zu tragen vermag. Wer will schon schuld daran sein, daß Mutter stirbt, oder einen Herzanfall bekommt?

Hildegard erinnert sich an eine Szene, wo sie als kleines Mädchen ärgerlich und neidisch auf ihre Cousine war, weil die Großmutter dieser ein Geschenk gemacht hatte und sie selber leer ausging. Als die Großmutter dies erfuhr, »regte sie sich schrecklich auf«. Sie bekam kurz darauf einen Herzanfall, da sagte die Mutter zu dem achtjährigen Kind: »Sieh, was du angerichtet hast. Du bist schuld, wenn es Großmutter so schlecht geht und wenn sie nun stirbt!« Die kleine Hildegard bekam ein schlechtes Gewissen und betete zu Gott, daß er die Großmutter nicht sterben lassen sollte, weil sie so »böse« zu ihr gewesen war. Und siehe da, die Großmutter lebte noch viele Jahre, starb hochbetagt und war doch immer »krank« und ihre Umwelt richtete sich nach ihr. – Voller Schrecken erkennt Hildegard, wie ihre ganze Kindheit geprägt war von Großmutters und auch Mutters Erpressungen, um aus ihr ein »braves Kind« zu machen, das den natürlichen Gefühlen nicht nachgeben sollte und nicht wütend und neidisch sein durfte. Kein Wunder, daß sie mit ihren Gefühlen heute Probleme hat und erschrocken erkennt, wie sie selber in das gleiche Muster verfällt, nämlich krank zu werden, anstatt auf die Stimme ihres bedürftigen Kindes in sich zu hören, die ihr sagen könnte, was sie eigentlich braucht. Zu laut sind die anderen Stimmen, die ihr sagen: »Du darfst nicht an dich selber denken, wenn dir etwas fehlt. Du darfst nicht wütend oder neidisch sein, sonst stirbt vielleicht jemand.« Das ist die magische Verknüpfung im vorlogischen Denken: Wenn ich so oder so fühle, dann passiert etwas Schreckliches…

Aber was man darf, das hat Hildegard auch gelernt. Man darf z.B. krank werden. Also wird sie krank und manipuliert damit wiederum selbst ihre eigene Familie. Jetzt erkennt sie diese Zusammenhänge, ein Familienmuster, ein Familienskript, das weitergegeben wird, von Generation zu Generation, wenn sie es nicht ändert und anfängt, neu zu hören.

Neues hören

Neu hören – worauf? Was brauchen Menschen, die mit lebenshemmenden Botschaften aufgewachsen sind, wie zum Beispiel: »Es wäre besser, du wärest gar nicht da!« So wie Herbert es hörte?

An diesem Seminar-Abend stehen wir im Kreis ganz dicht beieinander. Mit unseren Händen stützen wir uns gegenseitig den Rücken. Wir stehen und schweigen, die schlimmen Worte hallen in uns nach. Wir spüren aber auch den Schutz, den wir uns gegenseitig geben können. Wir sagen uns Sätze und Worte, die aufbauen, die Mut machen, die zum Wachsen und zum Leben helfen. Ich sage ganz besonders im Blick auf Herbert: »Schön, daß du da bist, hier bei uns und auf dieser Welt.« Und Herbert nickt, in seinen Augen ist ein Strahlen hinter den Tränen, die aufsteigen.
Viele andere gute Sätze werden gesagt: Z.B. »Du bist wichtig.« »Du bist wichtig, und die anderen sind auch wichtig, das ist kein Gegensatz!« »Du hast ein Recht auf deine Gefühle.« Und dann merke ich, wie eine in der Runde mit den Tränen kämpft. Als ich sie anspreche, bricht es aus ihr heraus: »In meinem Kopf hämmern immer noch die alten schrecklichen Sätze. Sie sind so laut, ich kann nichts anderes hören.« Und sie weint. Aus ihr heraus strömen die schlimmen Erinnerungen, und wir halten sie fest und geschützt im Kreis. Ich frage sie: »Was ist es, was du eigentlich gebraucht hättest, was du eigentlich hättest hören wollen, damals als du klein warst?« Sie antwortet: »Daß ich liebenswert bin, so wie ich bin. Daß ich auch

wichtig bin.« Ich frage: »Möchtest du es jetzt noch
einmal von uns hören?« Sie nickt, und wir sagen es
ihr nochmal als ihr Echo. Wir sagen ihren Namen und
»Du bist liebenswert, so wie du bist. Du bist wichtig.
Gut, daß du da bist!«
Es ist eine seltsame Kraft in diesem Kreis. Wir alle
sind berührt davon. Uns sind die Ohren aufgegangen
und neue Worte strömen herein, neue Lebensmög-
lichkeiten erschließen sich.

Wer Ohren hat zu hören, der höre, so leitet Jesus viele
Gleichnisreden ein. In der Zeit des Heils, von der die
Propheten geweissagt haben, werden die Tauben
hören, auch wer seine Ohren zum Schutz verschlossen hat, weil er den Donnerschlag fürchtet. Auch die,
die taub sind für neue Worte, weil die alten Sätze noch
in ihren Ohren dröhnen. Sie alle dürfen neu hören.

Worauf ich höre – eine gelenkte Phantasie

- Suchen Sie sich einen ruhigen Ort und setzen Sie
  sich entspannt und locker hin. Lassen Sie Ihren
  Atem ganz durch sich hindurchfließen, ein und
  aus, ein und aus.

- Nehmen Sie die Geräusche wahr, die um Sie
  herum sind, vielleicht den Autolärm auf der
  Straße oder auch das Lachen von spielenden
  Kindern draußen. Was hören Ihre Ohren…?

- Und nun schirmen Sie sich ganz bewußt von all
  den Geräuschen ab, die um Sie herum sind, und

lauschen Sie nach innen und versetzen Sie sich in die Zeit, als Sie ein Kind waren.

- Hören Sie, wie jemand Sie beim Namen ruft, zärtlich und liebevoll. Spüren Sie dem nach, was das für Sie bedeutet…

- Und dann stellen Sie sich vor, daß jemand streng und hart Ihren Namen ruft. Und spüren Sie auch dem nach…
  Welche Szenen fallen Ihnen ein?
  Welche Sätze und Worte fallen Ihnen ein, bei denen Sie sich am liebsten die Ohren zugehalten hätten, weil sie schlimm für Sie waren?

- Was haben Sie statt dessen gemacht?

- Welcher Satz war für Sie der schlimmste?

- Überlegen Sie, wie Sie sich heute noch davon beeinflussen lassen.

- Und mitten in Ihre Überlegungen hinein hören Sie, daß Christus Sie ruft. Er ruft Sie liebevoll bei Ihrem Namen… Spüren Sie auch dem nach…

- Es mag sein, daß Sie taub sind für seine Stimme, und daß Sie immer noch die schlimmen Dinge Ihrer Kindheit hören. Nehmen Sie sich vor, jemandem Ihres Vertrauens das Schlimme, was Sie erlebt und gehört haben, zu erzählen. Und es ist in Ordnung, wenn Sie dabei traurig oder wütend sind.

- Lassen Sie sich neu das Ohr wecken, dafür, was Christus, in dem die Heilkraft Gottes wohnt, Ihnen sagen will. Er sagt: Ich mag dich, so wie du bist. Es ist gut, daß du da bist. Du darfst leben und wachsen und dich freuen. Komm und höre neu!

Wi(e)derworte finden

Ich bin wie ein Stummer, der seinen Mund nicht auftut,
ich bin wie einer, der nicht hört und
in dessen Mund kein Widerreden ist.
(Psalm 38,14)

Und Jesus heilte sie, so daß das Volk sich wunderte, als es
sah, daß Stumme redeten, Krüppel gesund wurden, Lahme
gingen und Blinde sahen.
(Matthäusevangelium 15,30)

Was stumm macht

»Wenn du noch ein Wort sagst...« so brüllt der Vater,
die Hand zum Schlag erhoben. Und das Kind schluckt
die Worte herunter, zieht den Kopf ein und verstummt – eine Situation aus dem Alltag vieler Fami-
lien.
In meiner Gruppe sammeln wir Redewendungen, in
denen sich Stumm-Werden äußert. Da heißt es: »Es
verschlägt mir die Sprache« – und man kann sich die
Schläge körperlicher oder seelischer Art vorstellen,
die zur Sprachlosigkeit führen. »Jemanden mundtot
machen« oder »Jemandem den Mund stopfen« heißt
doch, daß der andere nicht mehr reagieren soll, so als
wäre er tot. Welche Gewalt drückt sich in unserer
Sprache aus! Vor Angst, vor Entsetzen kann man

»sprachlos sein«. Die Szenen, die dazu einfallen, sind alltäglich.

Monika denkt an das eisige Schweigen, mit dem sie gestraft wurde, wenn Mutter oft tagelang nicht mit ihr sprach, so daß auch ihre Worte erstarben. War sie nicht auch wie tot für ihre Mutter, so als wäre sie nicht vorhanden?

Andere erzählen, daß sie verstummen, wenn sie das Gefühl haben, »wie gegen eine Wand zu reden«. Thorsten fällt ein, wie seine älteren Brüder ihm bei heftigen Auseinandersetzungen ein Kissen aufs Gesicht preßten, damit er still war! Eine andere erinnert sich an die Worte ihres Vaters bei Tisch, wenn sie »zu laut« war: »Beim Essen spricht man nicht!« und das, was sie erzählen wollte, erstarb.

Schulsituationen tauchen auf, Erinnerungen an den Druck, etwas »Richtiges« sagen zu müssen, an die Angst, etwas Falsches zu sagen oder dem beißenden Spott des Lehrers ausgesetzt zu sein, so daß die Worte fehlen.

Monika berichtet, wie sie immer noch verstummt, wenn sie in Gesellschaft ist, wo – nach ihrer Vorstellung – »gescheite Leute« miteinander reden, wo sie – wie sie meint – nicht mitreden kann. Sie stammt aus einer einfachen Arbeiterfamilie, hat selbst zwar studiert, fühlt sich aber immer noch minderwertig und verstummt. Innerlich hört sie ihren Vater reden: »Zu diesen Leuten gehören wir nicht!« Und so bringt sie kein Wort heraus.

Mir fällt eine Bekannte ein, die sich voller Entsetzen an die Erziehungsmethoden ihrer Tanten erinnerte, bei denen sie aufwuchs. Wenn sie wütend und

»trotzig« schrie und nicht »brav« sein wollte, wurde sie unter die kalte Dusche gestellt, um sie durch den Schock des kalten Wassers zum Schweigen zu bringen. Alice Miller[5] hat dazu viele ähnliche Beispiele der Schwarzen Pädagogik gesammelt.

Stumm – aber was der Körper dazu sagt

Was aber passiert im Körper mit den erstickten Schreien, den heruntergeschluckten Tränen und Worten? Auch hier ist es hilfreich, auf den Erfahrungsschatz der Sprache zu hören. Wir sagen: »Einen Kloß im Hals haben« und meinen damit das verkrampfte Gefühl, wenn man die Tränen gewaltsam unterdrückt. Ich kann mich noch gut an dieses Gefühl erinnern, das ich als Kind häufig hatte. Verbunden mit dem Impuls, eigentlich weinen zu müssen, kam gleichzeitig der Gegenimpuls, auf keinen Fall weinen zu dürfen. Erst später kam die Rationalisierung, daß es besser ist, die Traurigkeit nicht zu zeigen. Als kleines Kind hatte ich wie viele andere Kinder auch Mandelentzündungen, also wirklich einen »Kloß im Hals«.

Auch das Sprachbild: »Das Wort bleibt mir im Hals stecken« bezeichnet diesen Mechanismus der Verkrampfung und Blockierung und die Unfähigkeit zu reden.

Mit »Ärger herunterschlucken« bezeichnen wir einen Vorgang, der häufig Magenschmerzen verursacht. Die heruntergeschluckten Emotionen, Worte und Schreie können nicht nach außen abfließen, sondern richten sich als negative Energie gegen den eigenen

Körper. Sie können die Magenschleimhaut angreifen oder im Darm rumoren.

Die nicht gesagten Worte zeigen sich auch in der Körpersprache. Wenn man den Kiefer zusammenpreßt, wenn man sich wie erschrocken den Mund zuhält, wenn man sich auf die Lippen beißt oder den Mund zusammenkneift. Die nicht gesagten Worte und Tränen können sich auch in einer tonlosen, gepreßten Stimme verstecken. Sie führen ein Eigenleben im Körper. Eingesperrt suchen sie sich Auswege.

So bekommt eine Klientin sehr häufig Blasenentzündungen, die keineswegs auf Verkühlungen zurückzuführen sind. Als wir dem gemeinsam nachgingen, kam sie darauf, daß eigentlich immer Situationen vorausgingen, in denen sie sich traurig, verlassen und bedürftig vorkam bzw. mit alten, schlimmen Erlebnissen in Kontakt kam, von denen sie mir übrigens eher lachend als traurig erzählte.

Eine andere, die als Kind bis in die Pubertät hinein Bettnässerin war, wachte auch als über Zwanzigjährige immer dann mit nassen Bettlaken auf, wenn sie ganz besonders tief mit ihrer eingesperrten Verlassenheit und Traurigkeit in Kontakt kam, die ins frühe Säuglingsalter zurückreichten.

Gefühle schlucken

Wie stark ist gerade in unserem Kulturkreis die Unfähigkeit, Traurigkeit und Schmerz zuzulassen! Mir kommt in diesem Zusammenhang eine Szene vor Augen, die ich kürzlich auf einem Psychotherapie-

Kongreß erlebte. Ein etwa zweieinhalbjähriges Mädchen rannte durch die Halle, stolperte, fiel hin und brach in ein markerschütterndes Geschrei aus. Zum Glück war der Vater in der Nähe. Er fing das weinende Kind auf, hielt es in seinem Arm und streichelte über seinen Kopf, wo es sich weh getan hatte. Kurz darauf brüllte die noch kleinere Spielgefährtin in dem allgemeinen Gedränge ebenfalls los. Ihre Eltern waren nicht in der Nähe, und so wurde auch sie von dem anderen Vater in den Arm genommen und gehalten. Er hatte also zwei kleine Kinder im Arm, die aus tiefster Seele schrien. Ich fand es faszinierend, mit welcher Ruhe er die beiden Kinder hielt, aber keineswegs den Versuch machte, ihr Schreien zu stoppen. Seine Ausstrahlung war: Ich weiß, daß es weh tut. Es ist in Ordnung, daß ihr schreit. Ich bin da, ich halte euch. Wenn es genug ist, dann werdet ihr schon aufhören. Und tatsächlich, als sie sich ausgeweint hatten, war es wieder gut.

Wieviele andere Möglichkeiten gibt es dagegen, mit schreienden Kindern, die sich weh getan haben oder traurig sind, umzugehen. Da heißt es: »Ach, das ist doch gar nicht so schlimm!« Und dem Kind wird das Recht abgesprochen, so zu fühlen, wie es fühlt. Bei Jungen ab drei heißt es dann vielleicht noch zusätzlich: »Ein so großer Junge weint doch nicht!« Und dann gibt es die Versuchung, das Kind von seinem Schmerz abzulenken, vorschnell zu trösten mit einem Ersatz, bevor es genug getrauert hat. Mit all dem wird dem Kind vermittelt: Wenn du Schmerzen hast, dann ist es nicht nötig zu weinen. Und wenn schon, dann nicht zu viel oder zu laut. Was zu viel ist, bestimmen die Erwachsenen, denen das Schreien »zu viel« oder »zu laut« ist.

Gerda Boyesen[6] weist darauf hin, wie wichtig es ist, den emotionalen Energiefluß nicht zu stören, vor allem nicht plötzlich zu stoppen. Die Selbstregulierungsmöglichkeit des Kindes wird dadurch gestört, was zu schweren Blockierungen im Körper führen kann. Wenn man davon ausgeht, daß ganze Generationen mit der Unfähigkeit zu trauern aufgewachsen sind, und es gelernt haben, Gefühle des Schmerzes wegzustecken, sich zu beruhigen und abzulenken (»Es ist doch nicht so schlimm!«), dann braucht man sich nicht zu wundern über die immer wiederkehrenden und auch funktionierenden Beruhigungskampagnen anläßlich der zunehmenden Umweltkatastrophen: Es ist doch nicht so schlimm! Kein Grund zur Besorgnis! Ob die Schreier verstummen? Gott sei Dank nicht alle!

Unsere Familie sieht zur Zeit im Fernsehen mit großer Anteilnahme die Kinderserie »Tim Thaler« nach dem gleichnamigen Buch von James Krüss. Das ist die Geschichte eines zwölfjährigen Jungen, der sein Lachen nach dem plötzlichen Tod seines Vaters an den teuflischen Baron verkauft hat um den Preis, daß er jede Wette gewinnen kann. Dadurch ist er zwar zum reichsten Jungen der Welt geworden, hat dafür aber sein kostbarstes Gut verloren, wie ihm erst nach und nach aufgeht. Was bleibt, ist Depression, »ein Schmerz, wenn andere lachen und man selbst gerne mitlachen möchte, aber nicht kann«. So ähnlich beschreibt es Tim Thaler.

Wodurch verstummt das Lachen, die Freude, die Begeisterung? Bei Tim ist der Auslöser der Tod seines Vaters. Sicher sind es manchmal traumatische Erlebnisse aus früher Kindheit, aber oft ist es auch die Grundstimmung, die ein Kind prägt, so daß ihm das Lachen vergeht.

Da spielen zwei Kinder laut und vergnügt, lachen und scherzen, und plötzlich fährt Mutter mißbilligend dazwischen: »Na, euch geht es ja wohl zu gut!« *Zu gut* darf es auch der erwachsenen Beate noch nicht gehen. Sie erinnert sich an diese Szene aus der Kindheit, als sie darüber nachdenkt, warum sie immer wieder nach guten, glücklichen Phasen in Depressionen stürzt.

Und Kinder bekommen viele ähnliche Dinge zu hören, die ihnen das Lachen stehlen. Da heißt es: »Warte nur, das dicke Ende kommt noch nach.« – »Freu' dich nicht zu früh« – »Den Vogel, der morgens singt, holt abends die Katze!« Und so wird die Freude gedämpft, das Lachen erfriert, der Ton verstummt im Hals. Es bleibt ein ängstlicher Mensch, der es kaum wagt, sich zu freuen; denn die »Strafe« könnte folgen. Aber weinen darf er vielleicht auch nicht zu viel. Und so bleibt das gleichförmige Grau ohne Höhen und Tiefen, das stumm macht.

»Alles hat seine Zeit« so schrieb der Prediger Salomo vor über zweitausend Jahren. »Weinen und lachen, klagen und tanzen« (Kohelet 3,4). Und weil alles fließt, hat keiner die Garantie dafür, daß das Lachen bleibt. Aber jetzt ist Zeit zum Lachen und dann ist wieder Zeit zum Weinen und beides ist wichtig zu seiner Zeit. Vielleicht ist es sogar folgendermaßen: Wer nicht weint zu seiner Zeit, kann nicht lachen, weil sich die ungeweinten Tränen dahinter noch verstekken.

Ich bin erschrocken, wenn ich im Gespräch mit Menschen und auch bei mir selbst immer wieder auf diese Blockaden stoße. Was war unser Preis, wenn wir das Lachen oder die Freude verkauft haben? War es die Zuwendung, die wir als Kind bekamen, wenn wir ruhig und brav waren? Oder vielleicht brachte das Jammern mehr ein als überströmende Begeisterung?

Die Zeit des Schweigens ist vorbei

Und nun heißt es, daß Jesus Stumme geheilt hat, und ich stelle mir eine auf diese Weise stumm Gewordene vor, die jetzt Jesus begegnet. Es ist eine Frau, eine der vielen Namenlosen, die von den Evangelisten nicht genannt werden, zumal es nicht üblich war, Frauen eigens zu erwähnen.

Schon früh war sie verstummt. Sie war ja auch *nur* ein Mädchen. Nicht der langersehnte Sohn. Sie hatte nichts zu sagen, weil andere das Sagen hatten und über sie bestimmten. Die Gewalttätigkeiten ihres Vaters und später ihres Mannes hatten ihr die Sprache verschlagen. Stumm tat sie ihre Pflicht und ihre Schreie waren wie die Flügelschläge eines eingesperrten Vogels, ihre Tränen wie ein dunkler unsichtbarer See in der Tiefe ihres Körpers.

Und jetzt begegnet sie Jesus. Und dieser Jesus schaut sie an, nimmt ihre Unsichtbarkeit wahr, die ungesagten Worte, die stummen Schreie, den Tränensee, und er schaut nicht weg. Was sie sieht und erlebt, ist liebevolle Zuwendung, unendliche Liebe und die Erlaubnis, all das Eingesperrte endlich fließen zu lassen, die Angst und Verzweiflung noch einmal zu erleben, aber dabei nicht allein zu sein.

Was sie erlebt, ist die Einladung, einen neuen Weg zu gehen, auf dem ihre Worte gehört und verstanden werden und wo Raum ist für ihre Fragen, die sie schon immer stellen wollte. Was für Worte wird sie finden? Ungewohnt und unbequem wird sie werden, wenn sie wieder Worte findet, Widerworte gegen die, denen sie bisher stumm gehorcht hat. Es werden laute Worte sein, erfüllt mit Zorn, der bisher niedergehalten wurde.

Aus Aschenputtel wird die Prinzessin, wenn sie wieder Worte findet, die Gänsemagd bekommt ihr gerechtes königliches Erbe, wenn sie es wagt, zu reden. Und im Märchen von den wilden Schwänen kann Elise, verfolgt vom bösen Bann der Stiefmutter, endlich ihre verzauberten Schwanenbrüder erlösen, wenn die Zeit des Schweigens vorbei ist.

Die Zeit des Schweigens ist vorbei. So heißt auch der Titel eines kleinen Sammelbandes[7], in dem Frauen aus der kirchlichen Arbeit sich vor zehn Jahren zu Wort meldeten, Theologinnen, die anfingen, nach weiblicher Sprache und weiblichen Bildern zu suchen für »Gottes- und Kirchenwort«, das zu lange einseitig geprägt war. Wieviel mehr sind es seitdem geworden, die ihren Mund auftun und reden!

Wenn Verstummte anfangen, Wi(e)derworte zu finden, dann brauchen sie einen geschützten Raum, das wissen wir aus der Therapie. Mit einem geschützten Raum meine ich eine geschützte Möglichkeit, wo die verlorene Stimme ausprobiert werden kann, wo keiner lacht oder wegläuft oder sich die Ohren zuhält, weil er es nicht aushalten kann. Im geschützten Raum ist Solidarität, liebevolles Zuhören und verständnisvolles Eingehen möglich. Das wünsche ich den Verstummten, die ihre Stimme wiedergefunden haben, und gerade uns Frauen.

Wi(e)derworte finden – eine gelenkte Phantasie

- Setzen Sie sich entspannt und aufrecht hin und lassen Sie Ihren Atem durch Ihren Körper hindurchgehen: Ein und aus, ein und aus. Lassen Sie die Ereignisse dieses Tages noch einmal an sich vorüberziehen, die kleinen Dinge des Alltags, die Menschen, mit denen Sie zu tun hatten.

- Hören Sie noch einmal die Worte, die gesagt wurden. Und fragen Sie sich: Wie habe ich reagiert?
  Welche Worte habe ich nicht gesagt?
  Wo habe ich geschwiegen, statt zu reden? Wo bin ich verstummt vor Schreck oder Angst, traurig oder verletzt?
  Wo war ich stumm und mißtrauisch, anstatt mich zu freuen und zu lachen?
  Wohin habe ich die Gefühle gesperrt?
  Was habe ich gewonnen durch mein Schweigen?
  Und was habe ich für Schaden genommen?

- Loben Sie sich dafür, daß Sie so klug waren, manchmal zu verstummen; denn dadurch haben Sie sich geschützt.

- Aber nun, wenn die Zeit des Schweigens vorbei ist, suchen Sie sich etwas aus, wo Sie neue Worte finden wollen.
Was ist es, was Sie noch nie gesagt haben und was nun nach außen dringt?

- Überlegen Sie sich, wo und wie für Sie ein geschützter Raum möglich ist, um Wi(e)derworte zu finden, und bedenken Sie, daß oft der übliche Gesprächspartner zunächst nicht der richtige Adressat dafür ist.

- Nehmen Sie sich nicht zu viel auf einmal vor. Auch Ihre Umgebung muß sich erst an Ihre wiedergefundenen Worte gewöhnen.

- Lassen Sie die Erlaubnis, zu reden, zu lachen, zu weinen oder zu schreien, zu singen und zu loben ganz tief in Ihren Körper hineindringen. Auch Ihre Lebensmelodie ist wichtig und darf erklingen.

Gekrümmt oder aufrecht durchs Leben gehen

Die Heilung der gekrümmten Frau (Lukasevangelium 13,10-17)

Am Sabbat lehrte Jesus in einer Synagoge. Dort saß eine Frau, die seit achtzehn Jahren krank war, weil sie von einem Dämon geplagt wurde. Ihr Rücken war verkrümmt und sie konnte nicht mehr aufrecht gehen. Als Jesus sie sah, rief er sie zu sich und sagte: Frau, du bist von deinem Leiden erlöst. Und er legte ihr die Hände auf. Im gleichen Augenblick richtete sie sich auf und pries Gott.
Der Synagogenvorsteher aber war empört darüber, daß Jesus am Sabbat heilte und sagte zu den Leuten: Sechs Tage sind zum Arbeiten da. Kommt also zu diesen Tagen und laßt euch heilen, nicht am Sabbat! Der Herr erwiderte ihm: Ihr Heuchler! Bindet nicht jeder von euch am Sabbat seinen Ochs oder Esel von der Krippe los und führt ihn zur Tränke? Diese Tochter Abrahams aber, die der Satan schon seit achtzehn Jahren gefesselt hielt, sollte am Sabbat nicht davon befreit werden dürfen? Durch diese Worte wurden alle seine Gegner beschämt; das ganze Volk aber freute sich über all die großen Taten, die er vollbrachte.

Begegnung mit einer fast vergessenen Geschichte

Im vorigen Frühjahr rief mich ein Freund an, und er fragte mich, ob ich mit einer Frauengruppe arbeite, die auch Spaß daran hätte, vor der Kamera zu stehen. Es sei ein Beitrag für eine Sendung beim ZDF zum Thema der feministischen Theologie geplant, in dem gezeigt werden sollte, wie Frauen einen biblischen Text erfahren und mit ihm arbeiten. Heidemarie Langer würde uns begleiten und mit ihren Methoden des Bibliodrama den Text erschließen.

Ich war sehr neugierig und auch zuversichtlich, wenn ich an die Frauen dachte, mit denen ich schon einige Jahre gearbeitet hatte und sagte für die Fernsehsendung zu. Neugierig war ich auch auf die Bekanntschaft mit Heidemarie Langer, von der ich nur wußte, daß sie aus der Akademiearbeit in Bad Boll kam. Sie würde zwei Tage bei uns sein, damit wir genügend Zeit hätten, um uns auf den Text einzulassen.

»Ich werde die Geschichte von der Heilung der gekrümmten Frau nehmen«, sagte sie am Telefon. Im Moment hatte ich keine Ahnung, welche Geschichte sie meinte. »Irgendwo im Lukasevangelium steht der Text«, sagte sie noch. Als ich den Telefonhörer auflegte, dachte ich: Merkwürdig, daß ich mich an diese Heilungsgeschichte gar nicht erinnern kann! Mein Theologiestudium war zwar schon eine Weile her, aber eigentlich fühlte ich mich mit biblischen Texten recht vertraut. Also suchte ich neugierig im Lukasevangelium, bis ich diese Geschichte fand und las sie mit Staunen; denn sie war mir noch nie aufgefallen. Wie viele Heilungsgeschichten hatte ich schon im Kindergottesdienst erzählt oder im Religionsunterricht »durchgenommen«! Dabei war die gekrümmte Frau nicht vorgekommen. Auch bei Predigtplänen schien sie keine Rolle zu spielen.

Hellhörig geworden fragte ich in der folgenden Zeit in meinem Bekanntenkreis bei Theologen und Nichttheologen beiläufig nach, ob die Geschichte von der gekrümmten Frau bekannt wäre. Und es war eine unglaubliche Erfahrung, daß ich überall die erstaunte Frage zurückbekam: »Was für eine Geschichte? Die kenne ich gar nicht!« – Ich war betroffen. Bestätigte diese kleine Erfahrung nicht die These von der Unsichtbarkeit der Frau, wie Marga Bührig [8] ihren Gang durch Bibel, Theologie und Kirchengeschichte nennt?

Um so gespannter war ich, wie es uns vierzehn Frauen zusammen mit Heidemarie Langer mit diesem »unbekannten« Text ergehen würde, wenn wir uns in die Dynamik der Geschichte hineinspielen würden. An einem heißen Sommertag Anfang Juli traf sich unsere Frauengruppe zunächst in einem großen Raum unseres Kindergartens, der mir geeignet erschien.

Und nun die erste Begegnung mit dem Text. Wir lesen ihn reihum, mehrmals, bis er die Mitte unseres Kreises ist.

Durch eine kleine gelenkte Phantasieübung nimmt die gekrümmte Frau für jeden von uns Gestalt an. Ich sehe sie vor mir, gebeugt und tief verhüllt. Ich kann ihr Gesicht nicht erkennen. Sie ist alt, uralt, und doch ganz zeitlos. Ich bin tief berührt von dieser Begegnung. Etwas Archaisches umweht mich.

Dann fordert uns Heidemarie auf, in die gekrümmte Haltung zu gehen, und schweigend, gebeugt gehen wir durch den Raum, achten auf unseren Körper und was in uns vorgeht. Ich merke, wie ich die Fäuste balle, wieviel Zorn ich plötzlich in meinem Körper spüre, wieviel Ohnmacht, wieviel Verzweiflung. Wie fixiert und eingeschränkt ist mein Blick, wenn ich den Himmel nicht mehr sehen kann, nicht mehr die Weite der Umgebung.

Wir können uns als gekrümmte Frauen kaum begegnen oder Kontakt zueinander herstellen. In jeder begegnen wir unserem eigenen Leid. Die Blicke sind finster und trübe.

Wie gut tut es, die gebeugte Haltung abzuschütteln und sich über die Erfahrungen auszutauschen. Sie waren bei allen ähnlich.

Und dann versetzt sich, wer mag, in die Gegenhaltung, nämlich in die Rolle des Synagogenvorstehers. Einige von uns bleiben gebeugt. Die Vorsteher, die »Hüter der Gesetze«, spüren die Last der Tradition in der Starrheit ihrer Wirbelsäule. Es ist ihnen nicht möglich, aus dieser rigiden Haltung heraus Kontakt mit den Gekrümmten aufzunehmen. Ihr Blick geht möglichst über sie hinweg. Eine Teilnehmerin berichtet später, daß sie in der Rolle des Synagogenvorstehers die Nähe der Gekrümmten als unangenehm, ja bedrohlich empfunden habe. Zu ähnlich sind sie sich. Ist der gebeugte Rücken nicht ein Spiegelbild der eigenen Gekrümmtheit, die sich viel unsichtbarer in der eigenen starren Haltung äußert? Daher kann der Synagogenvorsteher ihre Gegenwart nicht ertragen.

Was Frauen krümmt

Lange reden wir über diese gemeinsame Erfahrung. Wir stellen uns der Frage, was es ist, was Frauen krümmt, und viele unterschiedliche Dinge fallen uns ein.

Eine denkt daran, wie machtlos viele islamische Mädchen und Frauen an männlich geprägtes Recht ausgeliefert sind. Mir fällt der Bericht eines Iraners ein, dessen elfjährige Tochter auf offener Straße von Männern zu Tode geprügelt wurde, weil ihre Kleidung deren religiösen Ansprüchen nicht genügte. Frauen und Mädchen als Freiwild männlicher Machtausübung – in wie vielen Ländern dieser Erde ein Thema! Mädchen kann man übersehen, übergehen, verachten, sie sind wie »Spucke im Sand«. So kann man heute noch in Indien geringschätzig von Mädchen reden[9].

Ich selbst bin betroffen von den schlimmen Erfahrungen bekannter Dichterinnen der letzten 150 Jahre, die oft nur unter männlichem Decknamen etwas veröffentlichen konnten[10]. Durch wieviel Krümmendes sind sie gegangen – aber hatten sie es nicht trotzdem geschafft, sich aufzurichten?

Wie wichtig ist ein Kunstwerk wie die »dinner party« von Judy Chicago, das Frauen einen Ehrenplatz am Tisch verschafft, den sie oft genug für andere gedeckt haben. Judy Chicago würdigt in ihrem Kunstwerk Frauen aus mehreren Jahrtausenden[11] gerade auch die, die gebeugt sind, aber deren Kraft nicht zerschlagen ist.

Von weither nähern wir uns der gekrümmten Frau in

uns selbst. Wo sitzen unsere eigenen Verkrümmungen und Verbiegungen?

»An dir ist ja ein Junge verlorengegangen!« Das hat Ingrid gehört, wenn sie recht wild und ausgelassen herumtobte. »Verlorengegangen, das heißt doch, es gibt einen Jungen weniger, nur weil ich da bin«, so sagt sie voll Erbitterung. Dahinter steht die unterschwellige Überzeugung, daß Jungen wertvoller sind! Viele ähnliche Aussprüche fallen uns ein. »Nur ein Mädchen!« – »Mädchen können nicht klar denken« – »Kinder, Küche, Kirche…« Dahinter stehen viele kleine oder auch große Verletzungen und Abwertungen. Mir fällt meine Mutter ein, die in den zwanziger Jahren trotz guter Noten von der Schule abgehen mußte, während ihr Bruder ganz selbstverständlich das Gymnasium besuchen durfte. Wenn sie davon erzählt, schwingt heute noch die Kränkung mit.

Ich selbst habe zwar ganz selbstverständlich Theologie studiert, wurde damals aber eher noch in der Männerdomäne als »Wunder« bestaunt. Später, im Beruf, wurde ich aber rasch in meine Schranken verwiesen: Predigt, Abendmahl, Taufe – nein danke! Frauenordination war damals in Bayern noch nicht üblich. Das war 1970. Wer war ich nun? Die theologisch gebildete Gemeindehelferin, die »bessere« Katechetin? Ich hatte es mir nicht so schwer vorgestellt, die eigene berufliche Identität zu finden. All das, was ich längst für abgeschlossen hielt, kam hoch, als ich mit meiner gekrümmten Frau in Kontakt kam.

Wie wird es erst meinen katholischen Schwestern gehen – mit erneuten Redeeinschränkungen im Gottesdienst belegt? Theologinnen sind sie wie ihre Priesterkollegen. Pastoralassistentinnen werden sie genannt – also »Hilfskräfte« in Gottesdienst und Seelsorge?

Auch bei den anderen Frauen in unserer Gruppe ist viel in Bewegung. Manches wird angedeutet, vieles bleibt ungesagt. Eine starke Solidarität schwingt im Raum, eine schwesterliche Verbundenheit mit den gekrümmten Frauen aller Zeiten.

Wo ist die Kraft, die Gekrümmtes aufrichtet?

In der biblischen Geschichte ruft Jesus die Frau, spricht sie frei und legt ihr die Hände auf. Wir tun uns zu zweit zusammen, eine gebeugt, eine in der Rolle von Jesus. Ich bin gebeugt, kann die kaum sehen, die mich anredet. Ich spüre Hände auf meinem Rücken. Ich spüre sie auf meinem Kreuz. Es geht mir plötzlich zu schnell. Ich, jahrelang gekrümmt, soll mich plötzlich aufrichten? Die Hände meiner Partnerin sind zu aktiv. Sie *wollen* mich aufrichten.

Ich selbst bin noch nicht so weit. Ich brauche noch Zeit. Ich gehe noch ein paar Runden in der gebeugten, gekrümmten Haltung durch den Raum. Was brauche ich, damit ich meine Kraft spüren kann, damit ich mich aufrichte?

Ich treffe Ingrid. Sie ist jetzt meine Partnerin in der Rolle von Jesus. Sie ist aber auch meine langjährige Freundin. Und was sie zu mir sagt, berührt mich sehr. Sie spricht mich so an, daß ich stehenbleibe. Sie sagt, daß sie mich kennt, meine Verkrümmung sieht. Sie hält ihre Hand auf meinem Rücken und spricht mich frei. Ich spüre Wärme. Es ist wie ein Energiefeld, das langsam durch den ganzen Körper strömt. Jetzt bin ich bereit, mich aufzurichten.

Es ist mehr als nur ein Rollenspiel. Hier kann ich mich aufrichten. Da ist viel warmherzige Kraft einer langjährigen, bewährten Freundschaft, wo eine die andere kennt und wir im gegenseitigen Geben und Nehmen schon oft in der Niedergeschlagenheit einander aufgerichtet haben.

Für diesen ersten Tag der Begegnung mit dem Text aus Lukas 13 ist es genug. Wir alle sind bewegt und auch aufgeregt. Wir sind in Sorge, wie das, was wir erlebt haben, am darauffolgenden Tag vor der Fernsehkamera zu den Zuschauern hinüberkommen soll. Ist nicht alles zu persönlich und daher für Unbeteiligte nicht geeignet? Aber die Sache ist wichtig. Darin sind wir uns einig. Etwas hinüberzubringen von einem anderen Umgang mit biblischen Texten. Mitzuteilen, daß die Geschichte von der gekrümmten Frau für Frauen ganz neu zu reden anfangen kann.

Am nächsten Tag kommen schon mittags die Kameraleute und Tontechniker. Wollen wir wirklich im Kindergarten drehen, oder gibt es nicht einen geeigneteren Raum? Heidemarie geht auf die Suche. Es ist ein strahlender Sommertag, und sie läuft barfuß über die Wiese von unserem Haus hinüber zur Kirche. Als sie zurückkommt, ist ihr Gesicht erfüllt von einer Begegnung. »Du hast mir gar nicht gesagt, wie schön eure Kirche ist!« sagt sie. »Da ist alles, was wir brauchen, der große Lebensbaum, die Symbole der Auferstehung, die Taube des Heiligen Geistes…«

Und wir beschließen, in der Kirche zu drehen. Die

Stühle räumen wir hinaus und schaffen einen großen freien Raum. Aus dem Kindergarten schleppen wir Frauen einen Teppich herbei und ziehen um in den freien Raum der Kirche. Jetzt, wo ich dies schreibe und noch einmal vor Augen habe, sehe ich, wie zeichenhaft unser Tun war. In der Kirche treffen wir uns nun alle. Walter Joelsen, der Regie führt, Tontechniker, Kameraleute und wir Frauen. Heidemarie äußert nochmals ihre Sorge, daß wir zu sehr zum Objekt werden könnten bei einer Runde, die Zuschauer eigentlich nicht verträgt. Die Kameraleute reagieren aufmerksam und sensibel. Wir besprechen, wie gefilmt werden kann, so daß wir uns geschützt fühlen können. Es ist ein gutes Miteinander.

Und dann gehen wir wieder hinein in die Geschichte von der gekrümmten Frau. Wir sitzen miteinander im Kreis auf dem Teppich. Eine liest vor. Wir erleben erneut die Verkrümmung mit unserem Körper, spüren dem nach, wie sie sich in uns anfühlt. Vergessen sind die Scheinwerfer, die Kameras. Wir sind ganz nah bei uns selbst. Wir spüren gemeinsam die Kraft, in der wir uns aufrichten können. Dicht beieinander stehen wir im Kreis, zuerst gebückt stützen wir uns gegenseitig mit unseren Händen im Rücken und richten uns auf. Wir sagen uns Worte, Sätze, Botschaften, die uns beim Aufrichten helfen. Nicht nur uns Frauen. Es sind Dinge, die eigentlich jeder braucht, um aufrecht durchs Leben zu gehen. Aber wir brauchen sie im Moment besonders, wenn wir unsere gebückte Haltung abschütteln wollen.

Wie warmer Regen nach langer Dürre fallen die Sätze: »Du darfst wachsen« – »Du bist wichtig« – »Du bist klug« – »Du bist schön« – »Du schaffst das« – »Wehr dich!« – »Du bist zur Freiheit geboren« – »Entdeck' dich!«

Es ist eine starke Kraft in unserer Mitte. Wir nehmen sie voll Erstaunen wahr. Wir drücken mit unserem Körper, mit unserer Bewegung aus, was es für uns heißt, nicht mehr gekrümmt zu sein. Wir heben unsere Arme, unseren Kopf und unser Blick ist weit! »Was macht deine gekrümmte Frau, nachdem sie sich aufgerichtet hat?« fragt uns Heidemarie. Wir halten inne. Ich bin ganz still. Am liebsten würde ich mich zurückziehen. Vielleicht über das Gras laufen und unter einem Baum tanzen. Und den Himmel sehen, ganz weit! Mancher geht es ähnlich. »Sie muß sich erst langsam daran gewöhnen, nicht mehr gekrümmt zu sein«, sagt eine. Und Ingrid sagt: »Jetzt, nachdem sie sich aufgerichtet hat, sieht sie, daß Gebücktsein auch ganz bequem sein kann. Jetzt kann sie alles sehen, auch die anderen Gekrümmten. Da muß sie sich entscheiden, entweder sie handelt, oder sie muß sich wieder bücken. Ich glaube, sie entschließt sich zum Handeln!« Und Katja, die 17jährige, zeigt mit der Bewegung ihres Körpers, wie ihre gekrümmte Frau erst unsicher dann immer mehr sich traut, sich zeigt, sich freut, sich dreht und tanzt, jetzt, wo sie sich aufgerichtet hat.

Wir haben das Fernsehteam längst vergessen. Eine Stunde ist im Nu verflogen, und wir machen Schluß. Der Redakteur kommt auf uns zu. Er ist sichtlich berührt von dem, was er miterlebt hat.

Wir alle merken die Anspannung, jetzt, wo sie sich löst, lachen und setzen uns noch zusammen zum

Essen und Trinken und zum gegenseitigen Austausch. Auch die Leute vom Fernsehteam kommen hinzu; sie sind längst keine Zuschauer mehr.

Und so wurde die Heilung der gekrümmten Frau für ein paar Minuten lebendig im Rahmen des Films »Schwestern sind nicht Brüder – warum eine feministische Theologie notwendig ist«. Was bei uns geblieben ist, war natürlich viel, viel mehr.

Antje sagte am Schluß: »Ich habe schon manche biblische Geschichte gelesen oder Predigten gehört. Vieles habe ich wieder vergessen. Eines weiß ich – die Geschichte von der gekrümmten Frau werde ich nie mehr vergessen!«

Mir geht noch nach, daß Jesus diese aufgerichtete Frau, die Gott preist, »Tochter Abrahams« nennt. Das ist eine ganz und gar ungewöhnliche Bezeichnung. Sind doch sonst nur Männer in die Kette der Glaubenstradition gestellt worden, die von Abraham als »Vater des Glaubens« ausgeht.

Die aufgerichtete Frau als Tochter des Aufbruchs im Vertrauen, auf der nun auch die Verheißung und der Segen Gottes ruhen : Ich will dir ein neues und unbekanntes Land zeigen und deine Nachkommenschaft soll so zahlreich sein wie die Sterne am Himmel.

Wie die gekrümmte Frau in Träumen wiederkehrt

Einige Wochen später treffen wir Frauen uns noch einmal zu einem Austausch darüber, wie es uns mit dieser Geschichte weiter ergangen ist. Dabei erzählt Hildegard folgendes: »Ich träume sehr häufig und sehr lebhaft. Und immer wieder hatte ich einen Traum von einem Häschen im Käfig, das ich gefüttert habe. Nie konnte ich etwas mit diesen Hasenträumen anfangen, die in Variationen immer wiederkehrten. In der Woche nach der Begegnung mit der gekrümmten Frau träumte ich wieder von einem Käfig. Diesmal war darin kein Häschen, sondern eine Frau in gebeugter Haltung, die Hände wie Hasenpfoten erhoben. Sie konnte nicht reden, sondern wartete. Ich war entsetzt und wollte sie herauslassen aus dem Käfig. Doch da waren Männerstimmen, die sagten ›Nein! Diese Frau gehört in den Käfig.‹ Aber ich ließ nicht locker, gab ihr zu essen, und sie, die zuerst kraftlos war, bekam Farbe, und ich ließ sie heraus. – Kurz darauf träumte ich, daß ich tot im Sarg läge. Gleichzeitig schaute ich mir zu und wußte: Da liegt Hildegard, die Frau meines Mannes, und es ist gut, daß sie tot ist. Ich erinnere mich dabei an eine eher festliche Stimmung in mir.«

Im Gespräch kann Hildegard die Träume miteinander verknüpfen. Sie, die sich bisher stark von der Bezogenheit her definiert hat als Frau von... und als Mutter von... als Tochter von... als braves »Häschen« im Käfig, entdeckt zunehmend, daß sie all dies nicht mehr sein will. Diese Hildegard soll sterben. In einem eindrücklichen Bild schildert dies der Todestraum.

Ich bin fasziniert davon, welche Tiefenschichten durch die Arbeit mit der biblischen Geschichte angerührt wurden.

Begegnung mit der gekrümmten Frau und der aufrichtenden Kraft – eine gelenkte Phantasie

Diese Phantasieübung ist nicht nur für Frauen gedacht. Auch Männer können ihrer »gekrümmten Frau« begegnen, mit ihren »gekrümmten« weiblichen Anteilen in Kontakt kommen. Auf einer Tagung mit Männern und Frauen sind wir miteinander in diese Geschichte hineingegangen und haben Erstaunliches entdeckt.

• Setzen Sie sich aufrecht und entspannt hin, so daß Ihr Atem gut durch Ihren Körper hindurchströmen kann. Schauen Sie ganz nach innen.

• Und nun begegnen Sie Ihrer gekrümmten Frau. Lassen Sie sich Zeit, bis ein Bild vor Ihnen auftaucht.

• Was sehen Sie? Wie sieht Ihre gekrümmte Frau aus? Was tut sie?

• Wenn Sie das Bild Ihrer gekrümmten Frau in sich aufgenommen haben, öffnen Sie wieder die Augen und schauen sich um, wo Sie sind.

• Lassen Sie sich noch Zeit für einige Fragen: Was sagt Ihnen Ihr Bild von der gekrümmten Frau? Woran erinnert Sie Ihre gekrümmte Frau? Was hat sie gekrümmt, daß sie nicht aufrecht gehen kann?

• Gibt es in Ihrem Leben im Moment etwas, was Sie krümmt, niederdrückt, beugt, auf Ihnen lastet?

- Und nun stellen Sie sich vor, wie Ihre gekrümm-te Frau oder auch Sie selbst Jesus begegnen. Was brauchen Sie, damit Sie sich aufrichten können? Spüren Sie, daß die Möglichkeit in Ihnen selbst ist? Lassen Sie sich anrühren von der aufrichtenden Kraft, die Jesus ausstrahlt.

- Wenn Sie es wagen, sich aufzurichten, was ist Ihr nächster Schritt? Wenn Sie es mögen, probieren Sie es mit Ihrer Körperhaltung aus, aufrecht zu gehen, zu stehen, sich zu bewegen, zu tanzen.

Be-Rührung zulassen

Der dankbare Samariter
(Lukasevangelium 17,11-18)

*Auf dem Weg nach Jerusalem zog Jesus durch das Grenz-
gebiet von Samarien und Galiläa. Als er in ein Dorf hin-
eingehen wollte, kamen ihm zehn Aussätzige entgegen. Sie
blieben in der Ferne stehen und riefen: Jesus, Meister, hab'
Erbarmen mit uns! Als er sie sah, sagte er zu ihnen: Geht,
zeigt euch den Priestern! Und während sie zu den Priestern gingen, wurden sie rein. Einer von ihnen aber kehrte
um, als er sah, daß er geheilt war; und er lobte Gott mit
lauter Stimme. Er warf sich vor den Füßen Jesu zu Boden
und dankte ihm. Dieser Mann war aus Samarien. Da sagte
Jesus: Es sind doch zehn rein geworden. Wo sind die
übrigen neun? Ist denn keiner umgekehrt, um Gott zu
ehren, außer diesem Fremden? Und er sagte zu ihm: Steh
auf und geh! Dein Glaube hat dir geholfen.*

Die Unberührbaren ins Abseits schicken

In dem alten Film »Der Tiger von Eschnapur« gibt es
eine unheimliche Szene. Tief unter dem Palast des Ma-
haradschas sind in einem riesigen Kerker Aussätzige
zusammengepfercht. Sie vegetieren dahin, damit die
Straßen sauber bleiben, sich dem Besucher nach außen

ein gesundes und stabiles Bild bietet und keiner Angst vor Ansteckung haben muß.

Hat nicht jede Gesellschaft ihre »Aussätzigen«, die ins Abseits geschickt werden, damit sie nicht anstecken, damit sie nicht stören, damit man sich nicht verunreinigt?

Gab es in der indischen Kastengesellschaft eine Gruppe der »Unberührbaren«, so waren es – weit schlimmer – im Dritten Reich die Juden, die man gebrandmarkt hat. Mußten die Aussätzigen im Mittelalter Schellen und Klappern tragen, damit sie weithin hörbar waren, wenn sie sich den Wohnsiedlungen näherten, so mußten die Juden im Nazideutschland den »Stern« tragen, um weithin sichtbar dem Gespött und der menschenverachtenden Behandlung von Mitbewohnern ausgesetzt zu sein. Als unauslöschbares Zeichen haben bis heute ehemalige KZ-Häftlinge ihre Nummern eintätowiert.

In China oder Indien werden immer noch neugeborene Mädchen ausgesetzt bzw. nach der Geburt getötet, weil man für Mädchen weniger Verwendung hat. Frauen sind dort noch im »Abseits«. Nach wie vor werden sie in Indien durch grausame Mitgiftregelungen als Wertgegenstand gehandelt bzw. zum wertlosen Objekt gemacht, wenn sie nichts oder nur wenig mitbringen können.

Wie ist es bei uns? Wo sind unsere »Aussätzigen«? Werden es nicht zunehmend die AIDS-Kranken, wenn Kontakte aus Angst abgebrochen werden, als ob es schon ansteckend wäre, wenn man miteinander redet oder an einem Tisch sitzt? – Sind es nicht immer noch die psychisch Kranken, die mit entsprechenden

Medikamenten eher ruhiggestellt werden, als daß sie in Therapiezentren mit liebevoller Behandlung, von denen es zu wenige gibt, einen Weg zu einem menschenwürdigen Leben finden können? – Sind es nicht auch die Asylsuchenden, die für uns Deutsche zu einer ganz besonderen Herausforderung werden; war es doch ein Nazideutschland, das Millionen von Menschen verfolgt, gefoltert und dadurch oft in die Flucht getrieben hat? Werden die Asylbewerber während der langen Prüfung ihres Antrages unter uns wirklich wie Gäste behandelt, oder erschwert man ihnen nicht auch noch künstlich das Leben bereits in der Wahl ihrer Wohnorte, wo sie wie Fremdkörper wirken müssen, durch die Auflagen und Einschränkung der Bewegungsfreiheit, durch das Beschäftigungsverbot und durch eine oft skandalöse Behandlung?

Auch unserem Ort wurden Asylbewerber zugewiesen. Ein leerer Schulpavillion auf dem Gelände des Gymnasiums sollte schnell als Unterkunft dienen. In aller Eile wurde er ringsum eingezäunt, um die Angekommenen deutlich abzugrenzen. Zwischen Schülern und Asylbewerbern war aber bereits ein erster Kontakt entstanden, geknüpft durch freundliches Hinüberschauen und gegenseitiges Grüßen. Als plötzlich der Zaun da war, ging eine Woge der Entrüstung durch die Schule und am nächsten Tag verzierten die Schüler den Zaun mit Bonbons und anderen Süßigkeiten als Zeichen der Sympathie. Einige Tage später wurde der Zaun niedergetreten, und so ist er bis heute geblieben. Private Initiativen der Kirchen am Ort haben sich zur Kontaktnahme gebildet. Kleine Schritte zur Verständigung gegen große Stimmungsmacher! Und ein pfiffiges Beispiel dafür, daß Ausgrenzung nicht von allen gebilligt wird.

Die Isolation als Weg wählen

Es gibt sicher unzählige Beispiele dafür, wie Menschen andere Menschen ins Abseits schicken, und oft fängt das in der Familie an. Da ist das schwarze Schaf, das »anders« ist, andere Bedürfnisse hat als alle anderen, »bockig« sich verweigert, nicht die Erwartungen der Eltern erfüllt und daher in die Ecke gestellt wird. Die Folge davon ist, daß es sich u.U. selbst absondert. Dieser selbstgewählte Rückzug ist – wie ich meine – immer der zweite Schritt. »Wenn ihr mich nicht ernst nehmt, oder das, was ich brauche, was ich will, und mich dafür ins Abseits schickt, dann zeige ich euch, daß ich nicht zu euch gehöre, dann verweigere ich mich. Lieber gehe ich selbst ins Abseits, denn dann tut es nicht so weh, wie wenn ich immer wieder gestoßen werde.« So mag ein Kind in einer frühen Entscheidung beschließen, und es baut Mauern um sich, um niemand zu nah an sich heranzulassen.
Das sind dann die Menschen, die sich auch als Erwachsene nirgends richtig zugehörig fühlen. Aus einer tiefen Verletzung heraus bauen sie sich ihr eigenes Abseits, ecken an, provozieren, tun so, als mache es ihnen nichts aus, Außenseiter zu sein; und hinter ihrer Schutz-Mauer sitzt ein kleines, bedürftiges Kind, das sich verzweifelt danach sehnt, geliebt und anerkannt zu werden.
Das sind die Menschen, die häufig Kontakte in

Freundschaft oder Partnerbeziehung abbrechen aus »irgendeiner« Enttäuschung heraus. Dahinter steht aber eigentlich die Angst, selbst verlassen zu werden. Und weil das zu weh tut, brechen sie lieber vorher von sich aus den Kontakt ab. Dann kann die Mauer stehenbleiben und niemand kann das kleine, »ausgesetzte« Kind entdecken, auch der Betreffende selbst nicht.

Oft ist es dann die Haut als unser Kontaktorgan, die etwas mitteilt von den verborgenen, nicht eingestandenen Wünschen nach Nähe und Zuwendung, von den abgedrängten Gefühlen wie Ärger und Feindseligkeit. Redensarten wie z.B. »Das geht mir unter die Haut«, »Ich könnte aus der Haut fahren« oder »Mit heiler Haut davonkommen« spiegeln die Reaktionen, die sich in vielen Krankheitsbildern der Haut zeigen.

Sich aussätzig fühlen hat auch etwas mit Scham zu tun, indem man am liebsten im Boden versinken möchte oder sich eine Ecke suchen mag, wo einen niemand sieht. Im Nachspielen der biblischen Geschichte der Aussätzigen an einem Seminarabend erleben wir sehr intensiv, wie es ist, sich isoliert zu fühlen, sich nicht berühren und sich nicht in die Augen sehen zu können.

Monika möchte sich am liebsten unsichtbar machen, so drückt sie sich in die Ecke, als sie eine Aussätzige spielt. Niemand nimmt echten Kontakt auf zu den Leidensgenossen und -genossinnen. Alle haben eine Mauer um sich herum. Herbert kriecht fast in sich hinein und drückt dies mit seinem ganzen Körper aus. Hinter der Mauer brodelt aber bei einem Teilnehmer eine ungeheure Aggressivität. »Denen will ich's zeigen, wenn sie alle gegen mich sind!« Das ist auch eine Seite der Ausgesetzten.

In dem folgenden Gesprächsaustausch zeigen wir uns gegenseitig etwas von unserem Ausgesetztsein, von dem, wo wir uns in unserem Leben wie aussätzig gefühlt haben.

Anscheinend kleine, oft unbedeutende Kindheitserlebnisse werden wach. Die beschämende Situation, vom Vater nicht die fünfzig Pfennige für den geplanten Kinobesuch der ganzen Klasse zu bekommen, und alle Kinder erfahren davon.

Mir fallen typische Spielsituationen als Kind ein , wo man nicht mehr mitmachen durfte, »aussetzen« mußte, wenn man einen Fehler gemacht hatte. Bei wie vielen Spielen gehört es übrigens zur Spielregel, aussetzen zu müssen! Warum wohl werden im Spiel schlimme Erfahrungen gerade an Kinder weitergegeben, die nur schwer damit umgehen können? Nicht die Kinder reagieren falsch, wenn es immer wieder bei Spielen Tränen gibt, sondern die Spielregeln sind fragwürdig, weil sie Menschen zu »Gewinnern« und »Verlierern« machen, bestrafen und aussetzen, statt Solidarität und Gemeinschaftssinn zu fördern. Inzwischen ist wohl gerade im Hinblick auf kleinere Kinder das Bewußtsein gewachsen, daß Spielregeln auch anders sein können, und es ist ratsam, sensibel für Negativspiele zu sein, die andere isolieren, und auf kooperative Spiele zu achten[12].

Sich ausgesetzt zu fühlen, ohne Kontakt zu sein, gehört auch zu den schlimmsten Erfahrungen einer Flüchtlingskindheit: Nur widerwillig bekam die

Familie ein Zimmer zugewiesen. Hastig wurden die Installationen herausgerissen, um nachzuweisen, daß das Zimmer »unbewohnbar« sein sollte. Das Wasser mußte mühsam vom Hof geholt werden. Es wurde alles versucht, den unerwünschten Flüchtlingen das Leben zu erschweren und sie aus dem Haus zu ekeln. Die offene Aggression bekamen die Kinder am deutlichsten zu spüren. Die anderen Kinder waren angewiesen, nur ja nicht mit »den Flüchtlingen« zu spielen.

Wie mag es so einem kleinen Jungen ergangen sein, der nicht wußte, warum all diese Feindseligkeiten, Schikanen und Isolierungen ihm und seiner Familie galten? Werden nicht diese frühen Erfahrungen seinen Kontakt zu anderen Menschen prägen? Mußte er nicht lernen, daß es ratsam ist, eher mißtrauisch zu sein als zu vertrauensselig – wer weiß, welche Feindseligkeiten die anderen wieder aushecken? Ist es nicht besser für ihn, nicht zu viel Berührung zuzulassen, sondern Schutz hinter starken Mauern zu suchen, nicht die schmerzlichen Gefühle zu zeigen, sondern vielmehr die Fäuste zu ballen: »Denen zeig ich's!«

Und doch liegt gerade in diesem Zeigen des Schmerzes, in der wiedergewonnenen Berührung die heilende Kraft. Das hat wiederum zur Voraussetzung, daß er die Mauer durchlässig macht, daß er Fenster und Türen hineinbaut, so daß Kontakt möglich wird.

Oft geschieht es jedoch, daß Menschen nur so von ihrem Ausgesetztsein, von ihren schlimmen Erfahrungen etwas zeigen, daß sie das Schlimme an andere weitergeben. Die Fenster in ihren Mauern sind eher Schießscharten vergleichbar, aus denen sie ihren Zorn und Groll losschicken auf die Kinder, auf die Arbeits-kollegen, den Chef, die Untergebenen, den Partner oder die »böse Welt«, die so schlimm an ihnen gehan-delt hat. In der Therapie gibt es oft die Situation, daß Menschen im Blick auf die schmerzliche Erinnerung aus der Kinderzeit wütend auf Polster schlagen und damit diejenigen meinen, die sie damals »ausgesetzt« haben. Wut und Ärger lassen sie heraus. Aber das ist erst die erste Schicht, die sie zeigen. Dahinter sitzt die eigentliche Verletzung, die Verzweiflung und die Be-dürftigkeit des kleinen Kindes, das Berührung ge-braucht hätte statt Schläge, Beziehung statt Aussatz. Erst wenn ich mich davon unter der liebevollen Zu-wendung eines anderen wieder anrühren lasse, ge-schieht Heilung und echte Beziehungsfähigkeit ent-steht. Die »Ausgesetzten«, die darin steckenbleiben, daß sie an ihrem Groll und Zorn darüber festhalten, daß sie im Leben zu kurz gekommen sind, und die jetzt auf ihr Recht pochen, daß sie bekommen, was ihnen »zusteht«, aber dabei andere übersehen, diejeni-gen, die sich selbst mit ihrer schlimmen Kindheit entschuldigen und keine Gelegenheit auslassen, über andere herzuziehen, die ihnen so viel Schlimmes angetan haben, sie haben immer noch ihre Mauer um sich gebaut und können keine echte Beziehung auf-bauen. Und die Beziehung, die ihnen angeboten wird, übersehen sie oft, weil sie viel zu sehr mit ihrer Ver-gangenheit beschäftigt sind.

Wie das Leben durch die Welt wanderte

Nur einer der zehn geheilten Aussätzigen kehrte um zu Jesus und lobte Gott, und das war ein Samariter, d.h. einer, der einem verachteten Teil der Bevölkerung angehörte, also eigentlich doppelt »ausgesetzt« war. Für ihn, so scheint mir, ist wirklich eine echte Beziehung aus der Isolation heraus entstanden. Ihn hat etwas zutiefst angerührt, und er hat sich berühren lassen, so daß sich seine ganze Lebenseinstellung geändert hat. Erst damit ist er wirklich heil. Er hat nicht vergessen, wie es ihm ergangen ist und was ihm durch Jesus geschah.

Es gibt ein afrikanisches Märchen, das den Zusammenhang zwischen Heilung und einer veränderten Lebenseinstellung deutlich macht, die sich in Dankbarkeit und im Weitergeben der erfahrenen Hilfe äußert[13].

Eines Tages begab sich das Leben auf die Wanderschaft durch die Welt. Es ging und ging, bis es zu einem Menschen kam. Der hatte so geschwollene Glieder, daß er sich kaum rühren konnte.

»Wer bist du?« fragte der Mann.

»Ich bin das Leben.«

»Wenn du das Leben bist, kannst du mich vielleicht gesund machen«, sprach der Kranke.

»Ich will dich heilen«, sagte das Leben. »Aber du wirst mich und deine Krankheit bald vergessen.«

»Wie könnte ich euch vergessen!« rief der Mann aus.

»Gut. Ich will in sieben Jahren wiederkommen, dann

werden wir ja sehen«, meinte das Leben. Es bestreute den Kranken mit Staub vom Wege. Kaum war das geschehen, war der Mann gesund.

Dann zog das Leben weiter und kam zu einem Leprakranken.

»Wer bist du?« fragte der Mann.

»Ich bin das Leben.«

»Das Leben?« sagte der Kranke. »Da könntest du mich ja gesund machen.«

»Das könnte ich«, erwiderte das Leben. »Aber du wirst mich und deine Krankheit bald vergessen.«

»Ich vergesse euch bestimmt nicht«, versprach der Kranke.

»Nun, ich will in sieben Jahren wiederkommen, dann werden wir ja sehen«, sprach das Leben. Es bestreute den Mann mit Staub vom Wege und der Kranke ward sogleich gesund.

Wieder begab sich das Leben auf die Wanderschaft. Nach vielen Tagen kam es schließlich zu einem Blinden.

»Wer bist du?« fragte der Blinde. »Das Leben.«

»Ach, das Leben!« rief der Blinde erfreut. »Ich bitte dich, gib mir mein Augenlicht wieder!« »Das will ich tun, aber du wirst mich und deine Blindheit bald vergessen.« »Ich werde euch bestimmt nicht vergessen«, versprach der Blinde.

»Nun gut, ich will in sieben Jahren wiederkommen, dann werden wir ja sehen«, sagte das Leben, bestreute den Blinden mit Staub vom Wege und der Mann konnte wieder sehen.

Als sieben Jahre vergangen waren, zog das Leben wieder in die Welt. Es verwandelte sich in einen Blinden und ging zuerst zu dem Menschen, dem es das Augenlicht wiedergegeben hatte.

»Bitte, laß mich bei dir übernachten«, bat das Leben. »Was fällt dir ein?« schrie der Mann es an. »Scher dich weg! Das fehlte mir gerade noch, daß sich hier jeder Krüppel breitmacht.« »Siehst du«, sagte das Leben. »Vor sieben Jahren warst du blind. Damals habe ich dich geheilt. Und du versprachst, deine Blindheit und mich niemals zu vergessen.« Darauf nahm das Leben ein wenig Staub vom Weg, streute ihn auf die Spur dieses undankbaren Menschen. Von Stund an wurde dieser wieder blind.

Dann ging das Leben weiter, und es gelangte zu dem Menschen, den es vor sieben Jahren von der Lepra geheilt hatte. Das Leben verwandelte sich in einen Leprakranken und bat um Obdach.

»Pack dich!« schrie der Mann es an. »Du wirst mich noch anstecken!«

»Siehst du«, sagte das Leben. »Vor sieben Jahren habe ich dich von der Leprakrankheit geheilt. Damals hast du versprochen, mich und deine Krankheit niemals zu vergessen.« Darauf nahm das Leben ein wenig Staub vom Wege und streute ihn auf die Spur des Mannes. Im selben Moment wurde der Mann wieder von der Leprakrankheit befallen.

Schließlich verwandelte sich das Leben in einen Menschen, dessen Glieder so geschwollen waren, daß er sich kaum rühren konnte. So besuchte es jenen Mann, den es vor sieben Jahren zuerst geheilt hatte.

»Könnte ich bei dir übernachten?« fragte ihn das Leben.

»Gern, komm nur weiter«, lud der Mann das Leben ein. »Setz dich, du Armer, ich will dir etwas zu essen machen. Ich weiß recht gut, wie dir zumute ist. Einst hatte ich ebensolche geschwollenen Glieder. Gerade ist es sieben Jahre her, als das Leben hier vorüberkam und mich gesundmachte. Damals sagte es, daß es nach sieben Jahren wiederkommen *wolle. Warte hier, bis es kommt. Vielleicht wird es auch dir helfen.« »Ich bin das Leben«, sagte das Leben. »Du bist der einzige von allen, der weder mich noch seine Krankheit vergessen hat. Deshalb sollst du auch immer gesund bleiben.« Als es sich dann von dem guten Mann verabschiedete, sagte es noch: »Ständig wandelt sich das Leben. Oft wird aus Glück Unglück. Not verwandelt sich in Reichtum, und Liebe kann in Haß umschlagen. Kein Mensch sollte das jemals vergessen.«* (Afrikanisches Märchen, nacherzählt von Dietrich Steinwede)

Be-Rührung wieder zulassen – eine gelenkte Phantasie

- Gehen Sie ein wenig umher und lassen Sie die Geschichte von den zehn Aussätzigen noch ein wenig nachklingen.

- Stellen Sie sich vor, Sie haben keinen Ort, wo Sie hingehören. Sie werden ins Abseits geschickt, ausgesetzt, sind ohne Kontakt, wie die zehn Aussätzigen damals.

- Vielleicht fallen Ihnen Situationen ein, in denen Sie sich ähnlich gefühlt haben.

- Vielleicht fallen Ihnen auch Menschen ein, die Sie selber ins Abseits geschickt haben.

- Schicken Sie die Erinnerungen daran nicht ins Abseits, sondern lassen Sie sich berühren. Sie können es aushalten!

- Suchen Sie sich einen Menschen Ihres Vertrauens, der zuhören kann, und zeigen Sie ihm ein Stück Ihrer Angst, Ihrer Verletzung, Ihrer Scham, Ihrer Traurigkeit, etwas von dem, wo Sie sich ausgesetzt gefühlt haben.

- Wenn Sie jemanden gefunden haben, bei dem Sie ein Fenster oder eine Tür aufmachen und sich zeigen können, so freuen Sie sich darüber. Lassen Sie Freude einziehen und verabschieden Sie sich von altem Groll und altem Zorn.

- Nehmen Sie sich vor, auf Menschen zuzugehen, und pflegen Sie Freundschaften.

Erfahrungen in der Wüste

Da ward Jesus vom Geist, der schöpferischen Kraft Gottes,
in die Wüste geführt...
(Matthäusevangelium 4,1)

Wüste als Herausforderung

Wüste hat mich schon immer fasziniert. Als Kind begegnete ich ihr zuerst in den Märchen von Wilhelm Hauff oder von Tausendundeiner Nacht, durchlitt die glühenden Durststrecken mit den Märchenhelden, bangte um ihr Leben im Sandsturm, hoffte mit ihnen auf fruchtbare Oasen und fließendes Wasser, verzweifelte, wenn sich die Hoffnungsbilder als trügerische Fata Morgana erwiesen. Geheimnisvoll waren für mich auch die Kräfte, die den Menschen in der Wüste zuwuchsen: Die Einsamkeit auszuhalten, ohne Wasser und Nahrung auszukommen, die Hitze des Tages durchzustehen und auch die Kälte der Nacht, den wilden Tieren ausgeliefert zu sein und dennoch am Leben zu bleiben, das war das Faszinierende für mich.
Allerdings schafften es nicht alle. Es gab auch Menschen, die zusammenbrachen, bevor sie die rettende Oase erreichten, denen keine Karawane zu Hilfe eilte, die verdursteten, oft nur wenige Schritte vom rettenden Wasser entfernt.
Wüste, ein faszinierender und zugleich bedrohlicher

Ort, der Menschen verwandelt! Jeder, der sie erfahren hat, ist durch sie gezeichnet.

Später ist mir Wüste in den biblischen Geschichten vor allem aus dem Alten Testament begegnet. Da ist Abraham, der mitten aus dem Getriebe einer Stadt, aus seinen gewohnten Verpflichtungen herausgerufen wird in ein Neues, »in ein Land, das ich dir zeigen will«, so spricht Gott zu ihm. Und er bricht auf, und sein Weg führt durch die Wüste.

Generationen später ist das Volk Israel in Ägypten um des Brotes willen in Sklaverei geraten und macht seine eigene Wüstenerfahrung. »Besser in Abhängigkeit überleben, als in Freiheit vor Hunger sterben«, war sein Motto, bis einer kam, geprägt von der Gotteserfahrung in der Wüste, der zum Aufbruch rief, zur Freiheit in einem neuen Land. Im Namen Gottes, dessen Name bedeutete »Ich bin für euch da«, »Ich werde sein, der ich sein werde«.

In diesem Namen ist Aufbruch ins Ungewisse ja auch möglich. Das Vertrauen erlebt seinen Höhepunkt in der Rettung am Schilfmeer. Obwohl das Wasser bis zum Hals steht, schlagen die Wogen doch nicht zusammen, und Israel findet mitten durch das Wasser einen Weg. Aber dann führt der Weg durch die Wüste. Und die Frage bricht auf: Sind wir wirklich auf dem richtigen Weg? Wäre es nicht besser gewesen, wenn wir an den fruchtbaren Ufern des Nils geblieben wären? Dort hatten wir zu essen und zu trinken, auch wenn wir uns nicht selbst gehörten. Aber ist das denn überhaupt wichtig?

Ich sehe sie vor mir, die Männer Israels, längst seßhaft geworden in ihrem Arbeitsalltag, gewohnt, das zu tun, was alle tun. Abends zu müde zum Denken und zum Fragen: Hat das alles einen Sinn, was ich da tue? Zu müde zum Fühlen – der nächste Tag mit seiner Mühe und seiner Schinderei wartet ja schon.

Und dann, nach der Vision des verheißenen Landes plötzlich die Wüste, die Leere, die Öde, die Weite, durch die sie hindurch müssen. Macht das nicht angst?

Ich sehe die Frauen Israels vor mir, gewohnt, das wenige zu hüten, das sie besitzen. Gewohnt, ein Zuhause in der Fremde zu schaffen, vor allem um der Kinder willen, die wissen müssen, wohin sie gehören, um vertrauensvoll aufwachsen zu können. Frauen, deren Los es ist, zu folgen – ob sie sich jemals Zeit und Muße nehmen, sich zu fragen: Wohin, warum, wozu? Wohin bin ich unterwegs, wozu bin ich da, und warum ist die Welt so, wie sie ist?

Ob auch sie gepackt waren vom Aufbruch ins verheißene Land, oder waren sie eher skeptisch, was sie selber betraf? Würde es denn im neuen Land wirklich besser für sie werden? Wären sie dann freier und sich selbst näher, oder nur in dem Maße, wie es ihre Männer für sie definierten?

Vielleicht spürten sie auch in der Tiefe des Unbewußten, daß das Land, in dem Milch und Honig fließen, kein geographischer Ort ist, den man finden, eingrenzen und für immer behalten kann.

Ich höre sie klagen in der wasserlosen Wüste, in der ihre Brüste vertrocknen und sie nicht mehr wissen, wie sie ihre schreienden Kinder stillen können; und auch ihr Blick geht zurück zu den Fleischtöpfen Ägyptens, wo wenigstens Nahrung genug war.

Und die Kinder? Ein Abenteuer könnte es für sie zunächst gewesen sein; angesteckt waren sie wohl von der Begeisterung der Väter, getragen von der Beständigkeit der Mütter. Und doch mag die Wüste sie erschreckt haben in ihrer scheinbaren Endlosigkeit. Wichtig war für sie sicher die Stimmung der »Großen«, an der sie täglich Zuversicht oder Verzweiflung ablesen konnten, um sich ihren eigenen Reim darauf zu machen. Kinder leben auch in der Wüste und gerade dort von den Beziehungen. Wenn diese stimmen, dann sind Kinder überall zu Hause.

Wenn die Wüste zu karg wird, dann wird es wichtig zu wissen, wo Wasser aus dem Felsen springt und wo das geheime Brot der Manna-Bäume wächst. Und auch hier gilt das Gesetz der Wüste: Brot ist immer nur für *einen* Tag da. Manna, das man horten und von dem man Vorräte anlegen will, das verdirbt. Immer nur leben für das Heute, für das Jetzt, nie wissen, ob auch morgen genug für das Leben da ist. Ins Vertrauen geworfen, daß Gott auch für das Morgen der Heutige ist, voller Güte und Weisheit. Das ist die Herausforderung der Wüste!

Und das ist das Geheimnis der Wüste, daß im Mangel die Fülle verborgen ist, in der Dürre Wasserströme und blühendes Leben.

Das ist das Geheimnis der Wüste, daß sich dort Gottesbegegnung ereignet für die, die sich den Herausforderungen stellen.

So wird die Geschichte Israels in der Wüste zu einem symbolhaften Abbild dafür, wie der Mensch mit Gott unterwegs ist, auf der Suche nach sich selbst und nach seiner Bestimmung [14].

Wüste als Ort der Wandlung

Mit dem Begriff Wüste beschreiben wir auch symbol-
haft einen Zustand der seelischen Dürre und der Einsamkeit, wo wir nur auf uns selbst geworfen sind. Als
öd und leer bezeichnete eine junge Frau ihre Lebens-
grundstimmung, in der die Farben für sie grau waren
und das Licht trübe.
Auf vielfältige Weise können uns Wüstenträume auf
unsere innere Wirklichkeit aufmerksam machen, wie
Verena Kast es in ihrem Buch »Traumbild Wüste«[15]
beschreibt. In den Grenzerfahrungen des Lebens,
beim Verlust von geliebten Menschen, bei Krankheit
und Depression, Situationen der Verlassenheit und
bevorstehendem Abschied, können wir uns mit
Bildern der Wüste identifizieren. Sie tauchen in
Träumen auf, entsprechend unserem Gefühlsleben.
Anna träumte zum Beispiel von einer großen Schnee-
und Eiswüste, erstarrt wie sie selbst in der Bezie-
hungslosigkeit und Gefühlskälte ihrer Familie.
Und so ist die Wüste ein Ort der Begegnung mit uns
selbst und mit Gott, wie es die alten Geschichten
lehren. Wo ich mir selbst und Gott begegne, da geschieht Veränderung, Wandlung, etwas Neues
kündigt sich an.
Von Jesus wird berichtet, daß ihn der Geist Gottes in
die Wüste geführt hat, bevor er öffentlich auftrat.
Gottes schöpferische Weisheit, hebräisch die »ruach«,
die auch von Anbeginn der Welt, als diese noch »wüst
und leer« war, über den Wassern schwebte – sie ist
es, die in die Wüste führt, um Neues zu schaffen, um
schöpferisch tätig zu werden.

Das ist es, was Margot Bickel in ihrem Gedichtband so ausdrückt[16]:

> *Erst wenn die Wüste*
> *hinter mir liegt*
> *erkenne ich*
> *du warst immer*
> *bei mir*
> *und ich*
> *habe dich*
> *nicht erkannt.*

In der Zeit des Mangels, des Hungerns und Dürstens, ist nun das Ohr bereit für die Stimmen, die sagen: Wenn du schon Hunger leidest, dann verwandle doch die Steine in Brot. Und das tun viele Menschen. Sie ernähren sich von den Versteinerungen und Verhärtungen, die sie sich im Laufe der Jahre zugelegt haben, und ihr Herz wird immer härter und wie aus Stein.

Astrid Lindgren schildert in ihrem Kinderbuch »Mio, mein Mio« den grausamen Ritter Kato als einen, der ein Herz aus Stein hat, und dessen Streben dahin geht, auch anderen, besonders den Kindern, das lebendige, warme Herz aus der Brust zu reißen.

Wer von den Steinen lebt, der kann auch nicht mehr mitfühlen, wenn Kinder leiden, wenn Menschen gefoltert, verschleppt und getötet werden, wie es vielerorts auf dieser Welt geschieht.

Wer von den Steinen lebt, der läßt sich nicht rühren von dem gequälten Schrei unserer Mitgeschöpfe, den Tieren, wenn ihnen ihr Lebensraum genommen wird, wenn sie in vergifteten Gewässern verenden. Wer von den Steinen lebt, den rühren auch nicht Kälber, auf engstem Raum zusammengepfercht, oder Hühner in Legebatterien. Die immer wiederkehrenden Hormon- und Medikamentenskandale sind ja nur die Folge einer allein am Profit orientierten Einstellung den Tieren gegenüber.

Wer von den Steinen lebt ist auch offen für die nächste Versuchung, von der Jesus heimgesucht wurde: »Stürz dich herab von der Zinne des Tempels und verlaß' dich darauf, daß nichts geschieht!« So rät ihm die versucherische Stimme.
Es ist eine Versuchung für den, der die Wüste durch- hält, die große Show zu machen und der umjubelte Guru zu werden, dem die Massen blind vor Begeiste- rung folgen, und der die gewonnenen Kräfte nur für sich selbst einsetzt und dabei gute Geschäfte macht.
Ist nicht eine Technik der Superlative, bei der das Spiel mit dem Absturz, dem Restrisiko mit einkalku- liert ist, auch eine Folge dieser Versuchung, bei der es heißt: »Es wird schon tragen. Es wird schon gut gehen!«

Aber was ist das alles gegen die letzte große Versu- chung, alle Reiche dieser Welt zu bekommen, Macht und Einfluß – die trügerische Einflüsterung des Bösen, die den Größenwahn erzeugt, dem schon viele zum Opfer gefallen sind?
So ist die Wüste ein Ort der Grenzerfahrung, wo ich nicht vor mir selbst weglaufen kann, mich auch den dunklen, zerstörerischen Seiten meiner Persönlichkeit stellen muß und um Entscheidungen nicht herum- komme. Das Leben Zerstörende zeigt nicht gleich sein

Gesicht. Gerade in der Wüste kann es Trugbilder von großer Faszination erzeugen, die aber nur Schein sind, und es mag damit anfangen, wenn ich mich von Steinen ernähre und mein Herz verhärte, anstatt nach dem lebendigen Brot zu fragen und danach zu suchen.

Indem ich jedoch auf die Weisheit Gottes mitten in der Wüste vertraue – denn sie ist es ja, die hineinführt – zeigt sich mir das Wasser aus dem Felsen, das geheime Brot der Wüste, und ich kann den Weg erkennen, der aus der Wüste herausführt.

Wüste als Aufforderung zur Hoffnung

Als wir uns bei einer Tagung mit einer Phantasieübung unseren »Wüstenbildern« annäherten, erzählte Gerhard für mich sehr eindrücklich, wie ihm recht unvermittelt eine menschenlose Marslandschaft vor Augen stand, die wohl seiner momentanen »abschiedlichen« Existenz entsprach. Ort- und Stellenwechsel standen für ihn bevor, und auch durch den Auszug der inzwischen erwachsenen Kinder begann für ihn ein neuer Lebensabschnitt. Über den eher ängstigenden Abgründen der »Marswüste« schwebte jedoch ein großer blauer Vogel, in Farbe und Symbol die Nähe der Transzendenz, die Nähe Gottes ankündigend.

Eine mutmachende Wüstenerfahrung in einer gelenkten Phantasie hatte auch Toni, nachdem sie durch die Wüste ihren Weg zur Oase mit sprudelndem Wasser fand und dort als Geschenk ein kleines Honigtöpf-

100

chen und einen Ring mitbekam. Der Honig – ein Symbol des verheißenen Landes, das ihr vorher inmitten ihrer beruflichen »Wüstenerfahrung« so gar nicht im Blick war. Der Ring – ohne Anfang und Ende, Symbol des Ewigen.

Wenn im Symbol Wüste sich für uns alle eine innere Wirklichkeit erschließen kann, in die wir von Zeit zu Zeit hineingerufen werden als Herausforderung, als Verheißung, als Anstoß zur Wandlung und Veränderung, auch als Versuchung, so stelle ich mir vor, daß auch die Geheilten, von denen zuvor die Rede war, die ehemals Gelähmten, Blinden, Tauben, Stummen und Aussätzigen in der Wüste unterwegs sind. Auch und gerade sie, bei denen sich so Einschneidendes ereignet hat, werden sich der Frage stellen: Was nun? Wohin soll ich gehen? Was soll ich tun, wenn ich jetzt wieder gehen, hören, sehen und reden kann? Was tue ich, wenn ich nun aufrecht bin und mein Blick weit ist und ich nicht mehr im Abseits stehe? Das sind einsame Fragen, Wüstenfragen, an denen keiner vorbeikommt.

Ist nicht oft die Versuchung groß, die Augen zu schließen bei all dem Schrecklichen, das sie nun auch sehen müssen, und ist es nicht bequemer, sich irgendwo niederzulassen, als in Bewegung zu bleiben? Ist es nicht mühsam, die Stimmen zu unterscheiden, die jetzt auf einen eindringen, und fordert dies nicht ein hohes Maß an Konzentration und geistiger Arbeit? War es oft nicht einfacher, zu schweigen, als das Risiko in Kauf zu nehmen, mißverstanden, ausgelacht oder ausgepfiffen zu werden? Oder wie ist es jetzt, wenn die Ausgesetzten aus ihrer Ecke herauskommen und sich einsetzen für Menschenrechte, für Frieden und Abrüstung, gegen Rassismus – diese Arbeit kann ganz schön unter die Haut gehen.

Kann da nicht die Versuchung groß sein, lieber zu den Konsumenten zu gehören, die das Handeln anderen überlassen, das Mitbauen am »neuen Zeitalter« oder wie immer man die Hoffnung für die Welt bezeichnen möchte?

Das Angebot auf dem New-Age-Markt ist ja entsprechend groß und teuer, kann bei Konsumenten für Beschäftigung sorgen und doch letztlich damit verhindern, daß man einen Weg findet, sich aktiv für diese Welt zu engagieren. Es gibt jedoch nichts Wichtigeres für jeden, als mitzugestalten an der großen Hoffnung für diese Welt, an einem »neuen Zeitalter«! Aber gerade dabei gilt es, die Geister zu unterscheiden, zu prüfen und den eigenen Weg zu finden[17]. Damit das geschieht, ist es gut, die Wüste zu durchqueren und sich den Wüstenfragen zu stellen im Vertrauen darauf, daß auch in der Wüste der Tisch gedeckt ist und Wasserströme hervorbrechen und der Sand blüht.

Erfahrungen in der Wüste – eine gelenkte Phantasie

Suchen Sie sich einen Platz, wo Sie entspannt und locker sitzen oder liegen können. Spüren Sie Ihren Atem, wie es in Ihnen ohne Ihr Zutun atmet, ein und aus, ein und aus.

• Stellen Sie sich vor, Sie sind in der Wüste.

- Schauen Sie sich um. Wie sieht Ihre Wüstenland-schaft aus?

- Lassen Sie sich Zeit für die Bilder Ihrer Wüste!

- Schauen Sie genau hin, was Ihre besondere Auf-merksamkeit erregt.

- Wenn Sie sich nun vertraut gemacht haben mit Ihrer Wüstenlandschaft, dann lade ich Sie ein, sich auf den Weg zu machen, mitten durch die Wüste: Mach dich auf und geh!

- Was siehst du auf deinem Weg durch die Wüste?

- Woran mußt du denken?

- Und wie fühlst du dich in der Wüste?

- Und nun schau: In der Ferne kannst du eine Oase sehen. Dorthin bist du gerufen. Wenn du näher-kommst, kannst du auch schon die Einzelheiten erkennen.

- Du kannst sehen, was dort in großer Fülle wächst.

- Du hörst das Wasser rauschen. Und dann bist du da, in dem Garten mitten in der Wüste. Was tust du zuerst?

- Und nun bist du eingeladen, zu der Besitzerin des Gartens zu gehen. Sie ist Hüterin der Quellen des lebendigen Wassers und der Mannabrotbäume.

- Du gehst zu ihr hin. Du siehst sie. Sie ist voller

Güte und unendlicher Weisheit und gibt denen, die sie bitten.

- Worum bittest du sie?

- Die Besitzerin des Gartens schaut dich an und sagt etwas zu dir. Was sagt sie?

- Zum Abschied gibt sie dir ein Geschenk mit. Was gibt sie dir?

- Und nun verabschiede dich von dem Garten in der Wüste und komm zurück in deine Umgebung, in deinen Alltag. Merk' dir, wie du den Garten in der Wüste wiederfinden kannst.

Symbole auf dem Weg

Das Wasser

Das Wasser, das ich dir gebe, sagt Jesus, wird in dir zur sprudelnden Quelle werden, deren Wasser dir ewiges Leben schenkt.
(Aus dem Johannesevangelium 4,14)

Der Ursprung des Lebendigen

In einer alten Ausgabe der Erzählung »Die Regentrude« von Theodor Storm gibt es ein Bild, vor dem ich mich als Kind immer etwas fürchtete: Ausgetrocknet ist das Flußbett, rissig die Erde, über die das Mädchen Maren geht, die von der Regenfrau geschickt ist, um den Brunnen wieder aufzuschließen, damit das Land nicht gänzlich verdurstet. Und plötzich reißt neben ihr die Erde auf und aus dem klaftertiefen Spalt will eine Faust nach ihr greifen. Obwohl ich wußte, wie das Märchen endete, daß nämlich die Quellen wieder sprudeln und die Flußbetten sich wieder füllen und Regen das Land tränken würde, war es mir angst, daß der »Feuermann« – so heißt der Gegenspieler der Regentrude, der Dürre und Trockenheit bringt und damit das Leben gefährdet – auch einmal siegen könnte.
Das Wasser, das Element des Ursprungs alles Lebendigen, ohne das nichts leben kann, begegnet uns auf

vielgestaltige Weise. Da ist die kleine Quelle aus der Tiefe der Erde, der reißende Strom, der sanft murmelnde Bach, der klare See, der tosende Wasserfall, die wilde Brandung des Meeres und der tiefe Brunnen.

In wechselnden Formen erscheint das Wasser in Tau und in Regen, in Schnee, Eis und Hagel.

Wasser ist das Element der Wandlung. Alles fließt, ist in Bewegung, verändert seine Gestalt. Und damit ist es ein Urbild des Lebendigen[18], das ebenso fließt und ständig sich wandelt. Wo lebendiges Wasser fehlt, vertrocknet das Leben und erstarrt die Lebenskraft.

In alten Zeiten wurde das Wasser dem Weiblichen zugeordnet. Wie das Meer auf den Mond bezogen ist, so auch die Frau im monatlichen Zyklus. Ihr »Blutozean« wird bestimmt von den Mondphasen[19]. In der Schöpfungsgeschichte »brütet« die göttliche »ruach«, die Geistin, die Weisheit über den Wassern (das Verb, das im Hebräischen verwendet wird, kann auch mit »brüten« übersetzt werden). In vielen Schöpfungsmythen ist das Wasser der Urzustand, aus dem die Welt erstmals entsteht[20]. In dem Märchen vom Kinderteich, aus dem die Babies vom Storch herausgeholt werden, sind noch Reste des Mythos zu erkennen. Tatsächlich kommt ja das ungeborene Kind aus dem mütterlichen Fruchtwasser.

Im Wasser wird die Lebenskraft erfahren, die auch eine bedrohliche, überflutende Seite haben kann. Unsere Sprachbilder zeigen das, wenn wir sagen: »Das Wasser steht mir bis zum Hals« – »Die Wogen schlagen über mir zusammen« – »Von Emotionen überflutet und überschwemmt.« Und es handelt sich dabei nicht nur um Sprachbilder, sondern um die tatsächliche Fähigkeit, Tränen zu weinen, salziges Wasser.

In biblischer Tradition wird das Wasser auch von seiner bedrohlichen und verschlingenden Seite her geschildert, z.B. in der Geschichte von der großen Flut, wobei der Aspekt der Neuschöpfung auch hier im Zeichen des Regenbogens durchschimmert.

Die göttliche Schöpfungskraft bahnt im Meer und in starken Wassern Weg: So wird Israels grundlegende Heilserfahrung in der Rettung am Schilfmeer beschrieben. In den neutestamentlichen Geschichten, in denen berichtet wird, daß Jesus auf dem See den gefährlichen Sturm stillt und die Wogen glättet oder auf dem Wasser geht, wird deutlich, daß Wasser, das Chaos-Element, zum tragenden Element werden kann.

Durch die Erfahrung in der Wüste wird das frische, sprudelnde Wasser zum Sinnbild der lebendigen Beziehung zu Gott. Im Unterschied zum abgestandenen, trüben Zisternenwasser gibt das »lebendige« Wasser frische Lebenskraft. Das lebenschaffende Wort Gottes löscht den Lebensdurst, den kein Wasser zu stillen vermag.

Das »lebendige Wasser«, von dem Jesus spricht, knüpft an diese verschiedenen Traditionen an, auch an die weibliche Symbolik des Wassers. Die schöpferische »ruach«, die Weisheit Gottes, die vor Entstehung der Welt da war, wirkt im lebendigen Wasser. Die Weisheit, griechisch die »sophia«, in jüdisch-hellenistischer Tradition Gottes weibliche Seite[21], gleicht

der frischen, klaren Quelle, die Leben und Wachstum schenkt.
Dieses lebendige Wasser vermittelt Jesus.

Das Element der Wandlung und der Neugeburt

In dem Bild der Neugeburt aus Wasser und Geist zeigt das lebendige Wasser seine Wirksamkeit: Immer wieder neu anfangen können, das Alte, Destruktive wegspülen, die heilende, schöpferische Kraft der Wandlung erfahren, vom Tod zum Leben wieder auferstehen. Im Vollzug der Taufe nimmt das Symbol Gestalt an.

Wenn Menschen zu allen Zeiten in den verschiedensten Initiationsriten in den strömenden Fluß hineinstiegen, untertauchten und wieder emporkamen, dann bedeutete das, in Kontakt zu kommen mit dieser schöpferischen Kraft der Wandlung und der Wiedergeburt. Das Hineinsteigen war wie eine Rückkehr in das Fruchtwasser des Mutterleibes, um daraus zum zweiten Mal geboren zu werden[22].

In der christlichen Taufe, gerade auch in der Praxis der Kindertaufe, taufen wir das Kind, indem wir seinen Namen nennen und es gleichzeitig auf den Namen des dreieinigen Gottes, des Vaters, des Sohnes und des Heiligen Geistes taufen. Damit soll es mit hineingenommenen werden in das heilvolle Wirken Gottes, wie es sich in der Geschichte gezeigt hat.

Viele Frauen haben zunehmend Schwierigkeiten mit den einseitig männlichen Gottesnamen, die eine Folge jahrhundertelanger männlich geprägter Theologie sind. In Gottes schöpferischer Geistin, der »ruach«, der Gestalt der Weisheit, der »sophia«, der Hüterin der Quellen, der gebärenden Lebenskraft finden sie verlorengegangene weibliche Energien wieder, an die Jesus zweifellos ebenfalls anknüpfte. Das »lebendige Wasser«, das er vermittelt, das zur Quelle des ewigen Lebens wird, ist eines der weiblichen Kraftfelder, die es gilt, weiter zum Fließen zu bringen.

Wenn auf den Namen des dreieinigen oder dreigestaltigen Gottes getauft wird, dann meint dies eben die göttliche heilvolle Wirksamkeit in Geschichte *und* Kosmos.

Durch das lebendige Wasser getauft sein heißt, in das Kraftfeld dieses allumfassenden und uns zugewandten Gottes als Söhne und Töchter hineingeboren zu werden, als die neuen Menschen, die aus Gott leben, die »Christus gleichgestaltet« werden sollen. Dies ist allerdings eine Lebensaufgabe, aber wenn die Quelle des lebendigen Wassers fließt, wird es ein Weg sein, auf dem genug Lebenskraft da ist für unterwegs.

In der Geschichte von der Regentrude sind es die Frauen, die von jeher den Weg zu der unterirdischen Wasserfrau wissen. Dieser Weg ist aber in Vergessenheit geraten: »Sie kamen damals öfters zu mir, ich gab ihnen Keime und Körner zu neuen Pflanzen und Getreiden, und sie brachten mir zum Dank von ihren Früchten… Seit langem aber sind die Menschen mir entfremdet, es kommt niemand mehr zu mir… Da bin ich eingeschlafen und der tückische Feuermann hätte fast den Sieg erhalten.«[23] So erzählt die Regentrude der jungen Maren, nachdem diese sie aufgeweckt hat. Erst nachdem das junge Mädchen mit Hilfe des Wassers aus dem Krug der Regentrude den Brunnen wieder aufgeschlossen hat, kann das Wasser aus der Tiefe wieder nach oben emporsteigen und das Land tränken.

Den Brunnen wieder aufschließen, zu den Wassern der Tiefe gelangen, die vergessenen Schätze wiederentdecken, die Quellen der Weisheit, der Selbsterkenntnis und des Wissens um die Geheimnisse der Welt – darin sehe ich eine der wichtigsten Aufgaben für uns, nicht zuletzt um mitzuhelfen, diese Schöpfung zu bewahren. Sonst ist es nicht sicher, ob nicht doch der Feuermann siegt, der die Erde in eine verbrannte Wüste verwandelt.

Wenn es gilt, daß das Äußere dem Inneren entspricht, dann sind die trüben, vergifteten Flüsse und Meere, der saure Regen, das vielfach schon verseuchte Grundwasser ein Spiegel unseres inneren Zustandes. Da hilft nur, sich auf den Weg zu machen zu dem Brunnen in der Tiefe, ihn aufzuschließen und die Wasserfrau aufzuwecken.

Das lebendige Wasser – eine gelenkte Phantasie

Setzen oder legen Sie sich entspannt hin, und lassen Sie ihren Atem ein- und ausströmen, so wie die Wellen ans Ufer des Meeres rollen und ihren eigenen Rhythmus haben.

- Lassen Sie diesen Tag noch einmal an sich vorüberziehen.
- Alles, was ich erlebt habe, sehe ich noch einmal vor mir.

- Alles Schöne und Schwere und auch das, wo ich mich leer und ausgetrocknet und ohne Leben gefühlt habe…

- Und nun stelle ich mir vor, daß ich einen Brunnen sehe. Es ist der Brunnen der Tiefe. Aber er ist zugesperrt.

- Ich suche den Schlüssel. Wo ist er?

- Ich finde ihn und schließe den Brunnen auf. Was geht mir dabei durch den Sinn?

- Ich schaue in den Brunnen hinab. Was sehe ich?

- Dann fasse ich mir ein Herz und steige durch den Brunnen in die Welt der Tiefe…

- Wie sieht es dort aus? Ich schaue mich um, wo ich bin…

- Dann mache ich mich auf den Weg. Ich sehe ein großes Wasser vor mir. Es ist lebendiges Wasser.

- Ich darf in dieses Wasser hineinsteigen.

- Alles, was ich erlebt habe, nehme ich mit in die reinigende Kraft des Wassers.

- Ich darf loslassen, was dieser Tag an Schwerem mit sich gebracht hat.

- Auch das Schöne lasse ich los…

- Diesen Tag meines Lebens lasse ich los…

- Das Wasser kann alles, was ich erlebt habe, verwandeln in Kraft, die mir zum Besten dient, daß ich weiterwachse.

- Und während ich noch bade und mich an dem lebendigen Wasser freue, sehe ich die Quelle, die das lebendige Wasser speist…

- Ich steige aus dem Wasser…

- Ich gehe zur Quelle…

- Da steht die Hüterin der Quelle und reicht mir einen Krug.

- Ich schöpfe aus der Quelle lebendiges Wasser…

- Die mir den Krug gegeben hat, gibt mir zum Abschied eine für mich wichtige Botschaft mit. Was sagt sie zu mir?

- Ich bedanke mich und nehme Abschied.

- Den Krug mit dem lebendigen Wasser nehme ich mit nach Hause…

- Langsam komme ich wieder zurück in meine Umgebung, öffne die Augen, bewege meine Hände und Füße und schaue mich um.

Das Brot

Der Mensch lebt nicht vom Brot allein, sondern von allem,
was das Wort Gottes schafft.
(Deuteronomium 8,3)

Ich bin das Brot des Lebens; wer zu mir kommt, den wird
nicht hungern...
(Johannesevangelium 6,35)

Satt werden

In dem Dorf meiner Kindheit gab es ein altes Backhaus. Einmal in der Woche wurde der große Backofen
mit Holz eingeheizt; dann zogen die Frauen mit ihren
Blechen und Teiglaibern herbei, und bald schon wehte
ein köstlicher, unbeschreiblicher Duft vom Backhaus
her. Spannend war der Augenblick, wenn mit großen
Brotschiebern das frischgebackene Brot herausgeholt
wurde, braun glänzend und knusprig. Heute noch
habe ich den Duft in der Nase. Das Gefühl der Geborgenheit schwang darin mit, daß auch für mich genug
da war, obwohl die Zeiten im Vergleich zu heute arm
waren. Im Duft des Brotes und seiner Rundung war
das Versprechen, satt zu werden!
Ganz besonders wichtig ist für Kinder die Erfahrung,
satt werden zu können, genug zu bekommen. Und
doch ist es offensichtlich nicht das »Brot« allein, das

satt macht. Auch nicht Obst und Gemüse, Milch und Kuchen oder gar Süßigkeiten können das geben, was Kinder in erster Linie brauchen. Sonst dürfte es in unserer Überflußgesellschaft nicht so viele Eßstörungen gerade auch bei Kleinkindern geben; denn Vitamine gibt es genug. Die Hersteller von Babykost bemühen sich um die Wette, das Beste für das Kind zu bieten. Und auch Süßigkeiten sollen für das Glück der Kinder sorgen. Aber was brauchen Menschen, um wirklich satt zu werden?

Vom Brot, das Hunger stillt

Ein Baby braucht vor allem die liebevolle Zuwendung seiner Mutter oder einer anderen Bezugsperson, und erst wenn es diese positiven Schwingungen aufnimmt, ist es bereit, die Brust zu nehmen und zu trinken. Was früher oft als unverständliche Verweigerung und als Störung nur des Kindes interpretiert wurde, bekommt einen Sinn, wenn man es als Ausdruck der gestörten Mutter-Kind-Beziehung sieht. Durch seine Verweigerung schützt sich das Kind, es schreit, weil ihm etwas fehlt, das, was seinen eigentlichen Hunger stillt, nämlich seinen Hunger nach Liebe und Zuwendung.
Nicht das Stillen allein oder eine bestimmte Babynahrung sorgen für gesundes Wachstum, sondern in erster Linie eine tragfähige Beziehung, in der das Baby eben getragen und gestreichelt wird und genug Hautkontakt bekommt, so daß es am ganzen Körper spürt:

Ich werde gehalten, geliebt, und bekomme, was ich brauche!

Vom »Brot, das Hunger stillt«, redet Astrid Lindgren in ihrem Kinderbuch »Mio, mein Mio«[24]. Dieses Brot gibt es für den elternlosen, immer herumgestoßenen Mio im Land der Ferne, als er dort endlich eine Heimat gefunden hat.

Nicht jedes Brot stillt Hunger, auch wenn es anscheinend satt macht. Experten, die sich mit Ernährung beschäftigen, haben längst festgestellt, wie wertlos und ausgelaugt das Normalbrot ist, das aus weißem, ausgemahlenem Mehl gebacken wird. Vitamine und Mineralstoffe sind darin kaum noch enthalten, so daß nicht einmal mehr die Mehlkäfer an einem solchen Mehl interessiert sind. Dabei birgt das Getreide eine Fülle von wichtigen Nährstoffen – es ist also eigentlich alles vorhanden für eine gesunde Ernährung, für ein »gutes« Brot, und doch wird häufig das gekauft, was krank macht.

Für mich ist dies ein Sinnbild für die Desorientierung unseres Bewußtseins, das sich so weit von der Quelle des Lebens entfremdet hat, daß es auch selbst die Früchte der Erde, die als unsere Nahrung gedacht sind, nicht mehr erkennt und unterscheiden kann, was gut und schädlich ist.

Was man zu schlucken hat

Nicht jedes Brot macht satt, sondern manches liegt schwer im Magen, weil zu viel an schädlichen Zusatzstoffen mit hineingebacken ist – auch im übertragenen Sinn...

Es sind die schädlichen Botschaften, die Kinder auch mitschlucken müssen: »Aus dir wird nichts!« – »Gott liebt nur die braven Kinder!« – »Wenn du nicht wärst, dann wäre heute alles besser!« – »Du schaffst es doch nicht!« – Und vieles mehr schlucken Kinder, was abwertet, lähmt und lebensuntüchtig macht. Wie oft ist die Atmosphäre bei Tisch vergiftet, und was eine »gesegnete Mahlzeit« sein sollte, ist eher einem Kampfplatz vergleichbar, auf dem Machtkämpfe ausgetragen werden.

»Wes Brot du ißt, des Knecht du bist«, heißt es im Sprichwort, und das zeigt die tiefe Abhängigkeit, in der man sich um des Brotes willen befinden kann. Wenn man großen Hunger hat, verlockt manchmal – wie bei Hänsel und Gretel – das Lebkuchenhäuschen, und es ist gut, wenn man dahinter die böse Hexe erkennt, die Kinder zum »Fressen« gern hat und sie nur für ihre Zwecke benutzen will.

Nicht alles Brot also ist wirklich »Brot, das Hunger stillt«, und das mag auch dazu verführen, immer mehr in sich hineinzustopfen, wie es in der endlosen Gier der Eßsüchtigen zum Ausdruck kommt. Essen, essen, um endlich satt zu werden, um dann in tiefer Verzweiflung zu entdecken, daß kein Brot dabei war, »das Hunger stillt«, sondern vielmehr etwas, das wie ein Stein im Magen liegt und wieder erbrochen werden muß. Und der Weg mancher Magersüchtigen ist, gar nichts mehr zu essen, sich zu verweigern und sich dadurch selbst zu behaupten in der Meinung, daß ihnen schadet, was sie zu essen bekommen.

Allen gemeinsam ist das tiefe Wissen, daß der Mensch nicht vom Brot allein lebt, daß zum Essen noch mehr dazukommen muß, wenn wirklich Lebensenergie da sein soll.

Nicht vom Brot allein

Der alttestamentliche Schreiber drückt das so aus: »Der Mensch lebt nicht vom Brot allein, sondern von allem, was das Wort Gottes schafft« (Deuteronomium 8, Vers 3). Der Mensch lebt also auch von dem, was Gott zusagt, von Worten und Zeichen der Liebe, von Zuwendung, von Hoffnung. Was in dem alttestamentlichen Zitat noch nebeneinander steht als zwei Quellen, aus denen der Mensch lebt, das läßt der Evangelist Johannes zusammenfließen in der Person Jesu, wenn er sagt: »Ich bin das Brot des Lebens; wer zu mir kommt, den wird nicht hungern... (Johannesevangelium 6, Vers 35)
Wer aus der Wüste kommt und sich den Wüstenfragen gestellt hat, ahnt vielleicht etwas davon, was hier gemeint ist. Wirklich satt werden können wir eben nicht allein durch die Früchte der Erde, sondern erst durch die Begegnung mit dem lebendigen Brot, das uns erfahrbar wird in der Liebe, wie Gott sie in Christus gezeigt hat. Nicht zufällig bricht Jesus das Brot und teilt es mit seinen Jüngern und gibt damit Anteil an dem mystischen Leib des Christus, des neuen Menschen, der von Gott selbst genährt wird. Die christlichen Kirchen haben dieses Zeichen bewahrt in der Feier der Eucharistie, in der Feier des Abendmahls[25].

Für Menschen, die aus der Wüste kommen und nach dem lebendigen Brot fragen, ist es gut, genau hinzusehen, hinzuhören und zu schmecken, ob das Brot, das Hunger stillt, in den Kirchen wirklich zu finden ist.

Eindrücklich schildert Agnes in einem Traum, wie sie bei der Feier eines Gottesdienstes dabei ist und wie alle anderen bei der Kommunion zur Austeilung geht. Sie steht auf der »rechten Seite«. Aber der Priester teilt kein Brot aus, er zeigt eine Schüssel Bonbons und schickt die Leute zurück. Da macht sich Agnes selbst Brote, denn sie hat noch kein Abendbrot gegessen. Ihre fertigen Brote soll sie aber nicht essen, sondern in der Kirche lassen. »Ich kann das einfach nicht einsehen; ich bin doch hungrig! Viele haben ihre fertigen Brote hingelegt... Ich gebe meine nicht ab; der Priester weiß es, er spricht mich nicht daraufhin an. Ich gehe nach draußen und halte einen Autoschlüssel in der Hand – aber das dazu passende Auto fehlt. Also gehe ich zu Fuß – weg von meinem Elternhaus – die Straße entlang. Ich denke, hoffentlich entdeckt mich niemand und merkt, daß ich die Brote mitgenommen habe... Da kommt ein starker Wind auf. Ich komme nicht vorwärts. Es wird anstrengend.« Soweit der Traum.

Agnes stammt aus einem gut katholischen Elternhaus. Sie war selbst lange in der Gemeindearbeit tätig und setzt sich schon länger verstärkt mit ihrer Glaubenstradition auseinander. Sie ist eher rebellisch als angepaßt. Im Traum bekommt sie vom Priester statt Brot nur Bonbons gezeigt. »Etwas für brave Kinder, die auf der rechten Seite stehen«, fällt ihr dazu ein.

Was sie braucht ist aber Brot. Sie ist hungrig. Der Traum zeigt ihr den Weg: Daß sie selber als Erwachsene gut für sich sorgen darf. Sie braucht nicht hungrig aus der Kirche fortzugehen. Sie kann sich selbst Brote machen. Das ist für sie neu und ungewohnt und nicht umsonst begleiten sie Schuldgefühle. Noch fehlt das »passende Auto«, und es ist nur ein mühsames Vorwärtskommen möglich.

Wenn man satt werden will, ist es wichtig zu prüfen, ob das lebendige Brot nicht verzuckert und verniedlicht angeboten wird oder auch vertrocknet und altbacken aus den verstaubten Schubladen alter Traditionen.

Was ist der Maßstab?

Für die, die aus der Wüste kommen, ist der Maßstab, daß sie an Leib und Seele satt werden. Sie können am deutlichsten unterscheiden, wo in den Kirchen lebendiges Brot ausgeteilt wird. Und sie können selbst mit dafür sorgen, daß auch andere satt werden; denn sie sind selbst ein Teil der Kirche.

Nur diejenigen, die vom lebendigen Brot satt geworden sind, können die Zeiten der Not überstehen. So wie Mio – eingesperrt in der Burg des grausamen Ritters Kato – die Nacht zusammen mit seinem Freund nur deshalb überstehen kann, weil an dem Löffel, den er bei sich hat, noch der Geschmack des Brotes ist, »das den Hunger stillt«. Das Wenige reicht sogar für zwei.

Wer das lebendige Brot gefunden hat, kann auch teilen und entdecken, daß im Teilen die Fülle verborgen ist. Wer um das lebendige Brot weiß, der wird bitten: »*Unser* tägliches Brot gib uns heute…«

Wovon ernähre ich mich?

Diese Gedanken können Sie nun im Blick auf sich selbst anhand einiger Fragen vertiefen:

- Wie sorge ich für mich im Bezug auf meine Ernährung? Überprüfen Sie Ihre Eßgewohnheiten: Achte ich auf »gutes« Brot, auf gesundes Essen, auf das, was mir bekommt? Oder lasse ich andere für mich sorgen und achte wenig auf mich?

- Wie sorge ich für meinen »inneren« Menschen, so daß ich »satt« werde? Nehme ich mir dafür Zeit? Halte ich dies überhaupt für wichtig? Überlasse ich dies auch anderen, z.B. Institutionen, Pfarrern, Lehrern, Ärzten, der Partnerin...? Wie teile ich mein »Brot«, wenn ich es gefunden habe?

- Vielleicht auch: Wieviel Ersatz-»Brot« wird von mir konsumiert, damit ich nicht den tiefen, oft unstillbaren Lebenshunger verspüre?

Das Licht

Jesus sagt: Ich bin das Licht der Welt. Wer mir nachfolgt, wird nicht in der Finsternis umhergehen, sondern wird das Licht des Lebens haben.
(Johannesevangelium 8,12)

Jesus sagt zu denen, die mit ihm unterwegs sind: Ihr seid das Licht der Welt. Eine Stadt, die auf dem Berge liegt, kann nicht verborgen sein.
(Matthäusevangelium 5,14)

Im Licht des Feuers

Im Dunkeln tasten wir uns vorwärts. Flüstern, Füßescharren, Papierrascheln – gerade noch, daß wir erkennen, wo Plätze frei sind. Viele haben sich aufgemacht und sind zur Feier der Osternacht gekommen. Im Dunkeln noch ertönt die Flöte und verkündet schon etwas von dem nahenden Licht. Die uralten Worte von der Auferstehung sind zu hören: Christus ist auferstanden, er ist wahrhaftig auferstanden! Und dann wird das Osterlicht hereingetragen; noch klein, ist es doch für alle in der vorher dunklen Kirche sichtbar.
Eine zündet ihr Licht an der großen Kerze an und gibt es weiter. Es sind bewegende Minuten, wie es allmählich überall in der dunklen Kirche aufleuchtet und Lichterketten entstehen, die niemanden auslassen.

Etwas später wird noch ein Licht hereingetragen. Es ist ein Gruß der katholischen Schwestergemeinde, die zur selben Stunde den Ostergottesdienst feiert. Gleichzeitig wird auch dort eine Osterkerze von uns überbracht: Ein Brauch, der uns ein wichtiges Symbol für die Verbundenheit der Christen untereinander im Licht der Auferstehung geworden ist.

Draußen wird der Himmel langsam hell. Wir ziehen mit unseren Kerzen hinaus in den anbrechenden Morgen. Auf der Wiese wird das Osterfeuer entzündet. Hoch sprühen die Funken und werden mit dem Wind davongetragen. Der Klang der Kirchenglocken nach zweitägigem Schweigen schwingt durch das Land.

Ich liebe die Osternachtgottesdienste, lasse mich mittragen vom Sieg des Lichtes über die Finsternis, spüre im Feuer die ungeheure Kraft, lodernd und ungestüm, gefährlich dem, der zu nahe herankommt, verzehrend, verwandelnd, wärmend, schützend, ein Symbol der Hoffnung, daß auch der glimmende Docht nicht verlöscht, sondern wieder Feuer fängt, das weiterglüht, an dem auch andere wieder ihr Licht und ihre Hoffnung anzünden können.

Mir kommen die Auferstehungsbilder, die Manessier gemalt hat, in den Sinn: Eine feuerfarbene Sonne, explodierend und flammend über dem Schwarz – schöpferische Kraft des Lichtes, pulsierende Lebensenergie.

Mit dieser Kraft in Verbindung zu kommen, hat immer etwas Überwältigendes und Herausforderndes an sich. Menschen, getroffen vom göttlichen Licht, schildern es in Bildern des Feuers, des unbeschreiblichen Lichtes. So wird Mose nach seiner Berufung im Zeichen des brennenden Dornbuschs ein anderer. Gottes Nähe in der Wüste wird durch eine Feuersäule beschrieben. Die Menschen, die von der Kraft des Geistes berührt sind, wie es in der Pfingstgeschichte geschildert wird, sehen und erfahren die Welt um sich herum in einem neuen Licht. Aus furchtsamen Menschen, die angstvoll die Türen verschließen, werden Männer und Frauen, die kraftvoll nach außen tragen, was sie erhellt und entzündet hat.

Menschen, die aus der Wüste kommen und sich den Wüstenfragen gestellt haben, die unterwegs sind auf neuen Wegen, sind gerufen von diesem Licht.

Dunkle Räume ausleuchten

Was geschieht, wenn Menschen sich diesem Licht aussetzen? Verborgenes wird offenbar, Verlorenes wird wiedergefunden, wenn ich die Ecken und Winkel meines Lebenshauses ausleuchte. Fast immer ist es ein schmerzvoller Prozeß, wenn das ans Licht kommt, was vorher ein Schattendasein hatte. Und doch ist das eine Lebensaufgabe, unsere dunklen Seiten, unsere »Schattenseite« anzunehmen und zu integrieren, was wir gerne wegschieben in die hintersten Winkel unserer Seele: Unsere zerstörerischen Kräfte, die gegen uns selbst und gegen andere gerichtet sind, unsere Verletzungen und Ängste, unsere ungelebten Seiten, unsere Hoffnungen und Sehnsüchte. Oft meldet sich die dunkle Seite nur in unseren Träumen, wenn unser Kontrollbewußtsein ausgeschaltet ist und wenn unser Inneres offen ist für das ausleuchtende Licht.

Während eines Seminars über Träume hatte Hildegard einen Traum, der sie sehr beunruhigte. Sie träumte, daß sie ein Haus durchwanderte, bis sie schließlich in einen Raum mit vielen verkrüppelten und verletzten Mädchen und Frauen kam. Am liebsten wäre sie weggelaufen, und jemand sagte auch zu ihr: Geh doch in ein anderes Stockwerk! Hierher gehörst du nicht! Aber Hildegard wollte sich die Mädchen und Frauen genauer ansehen und fragte sie nach ihren Namen. Die erstaunliche Entdeckung war, daß fast alle Hildegard hießen, wie die Träumende selbst. Auf ihre erstaunte Frage, warum sie denn hier wären, gaben die Mädchen zur Antwort: »Wir sind von unseren Eltern vergessen worden. Sie schämen sich unser.« Bis dahin geht der Traum.

Hildegard beschließt, für ihre »vergessenen«, »verletzten« Seiten in sich, mit denen sie neu in Kontakt gekommen war, etwas zu tun, sie auszuleuchten und hinzuschauen. In einer Reihe von Gesprächen, die sie bei mir suchte, ist sie diesem verletzten und vergessenen Mädchen in sich auf der Spur, betritt auch diese Räume ihres Lebenshauses und entdeckt mehr und mehr Zusammenhänge mit ihren jetzigen Beziehungsschwierigkeiten und Krankheiten.

Und das ist das Geheimnis des Lichtes, das verborgene und dunkle Räume ausleuchtet: Längst verloren Geglaubtes wird wiedergefunden. Kostbare Dinge kommen wieder zutage.

So hat Ulli inmitten großer Trauer – ihr Mann war

wenige Monate vorher gestorben – ein Stück ihrer Lebensfreude wiedergefunden, ja mehr, als sie zuvor hatte. Als sie nämlich lernte, hinter ihre Traurigkeit zu schauen, kam ein von jeher trauriges und depressives Mädchen zum Vorschein. In ihr Tagebuch der letzten Jahre, das sie mir zu lesen gab, hatte sie ein Bild geklebt, auf dem ein Christus am Kreuz dargestellt war. Die Augen geschlossen, die Mundwinkel tief herabgezogen, strahlte er unsägliche Trauer, ja fast schon Depression aus. »Das war lange mein Lieblingsbild«, sagt sie, als sie es mit mir zusammen anschaut. Und dahinter wird ihre ganze »Karfreitagsfrömmigkeit« sichtbar, die sie mir geschildert hat und die eher am leidenden Jesus orientiert ist als am Christus der Auferstehung. Plötzlich entdeckt sie nun die herabgezogenen Mundwinkel und sagt, als ob ihr ein Licht aufginge: »Wenn ich mir jetzt dieses Bild anschaue, dann gefällt mir dieser Jesus gar nicht mehr!« – Inzwischen hat sie sich auf die Suche nach einem neuen Christusbild gemacht, das etwas von der Lebenskraft ausstrahlt, die sie sucht und die in der Frömmigkeit ihrer Kindheit nicht zu finden war.

Und ist es nicht tatsächlich so, daß in vielen Kirchen die Symbole des Todes, des Martyriums, des Kreuzes übergewichtig sind? Wo sind die Symbole der Hoffnung, der sprühenden schöpferischen Lebenskraft, wo sind die Farben des Lichts? Ist es nicht wirklich so, daß sich Gott wundern würde, käme er in eines seiner »Häuser«, wie es Hermann van Veen so trefflich formuliert[26].

Neue Klarheit

Sich der Energie des Lichtes aussetzen heißt auch, seiner verwandelnden Kraft zu begegnen, die eine neue Form der Klarheit schafft. »Erleuchtete« werden die Menschen genannt, die von dem göttlichen Licht berührt sind. »Erleuchtung« heißt, »mit dem Herzen denken« und »mit den Augen des Herzens sehen«, wie es Jörg Zink ausdrückt[27]. Diese Schau von sich selbst, den Menschen, Wesen und Dingen um sich herum, den Ereignissen in Geschichte und Natur ist vielgestaltig, läßt Polaritäten stehen und hält auch das Geheimnis des Paradoxen aus.

Von diesem Licht her wandeln sich auch bisher gültige Betrachtungsweisen, z.B der Naturwissenschaften, der Medizin, der Wirtschaft, der Ökologie, der Technologie, der Geschichte und nicht zuletzt der Religionen. Ein Bewußtseinswandel, so wie ihn Carl Friedrich von Weizsäcker fordert und erhofft und dazu auch Wege aufzeigt, kann geschehen, wenn Menschen sich diesem Licht aussetzen[28].

Ein beeindruckendes Beispiel für die spirituelle Kraft, die Menschen verschiedener Nationen und Kirchen erfaßt, war das ökumenische Treffen in Assisi im August 1988, wo es um die Themen des konziliaren Prozesses ging, um Gerechtigkeit, Frieden und Bewahrung der Schöpfung[29].

Meine Hoffnung ist, daß in dieser Bewegung etwas sichtbar wird von der Zusage Jesu: Ihr seid das Licht der Welt. Eine Stadt, die auf einem Berge liegt, kann nicht verborgen sein. Für mich ist es auch hoffnungsvoll, daß Jesus hier *viele* anredet. Er sagt, *Ihr* seid das

Licht der Welt. Auch im Bild der Stadt wird eine Vielzahl angedeutet. Menschen, die vom Licht berührt sind, und denen ein Licht aufgegangen ist, bleiben nicht allein, das ist die große Verheißung.

Sich dem Licht aussetzen – eine gelenkte Phantasie

Legen Sie sich mit dem Rücken auf den Boden, möglichst auf eine Decke!
Breiten Sie ihre Arme locker aus, die Füße leicht auseinander.
Atmen Sie tief ein und aus. Und mit jedem Atemzug atmen Sie etwas von Ihrer Anspannung aus.
Und nun stellen Sie sich vor, Sie sehen ein Licht, weit weg und winzig klein. Es ist nicht vergleichbar den Lichtern, die Sie bisher kannten.

- Es ist das Licht des Lebens…

- Sie sind eingeladen, näher zu diesem Licht des Lebens hinzugehen.

- Achten Sie darauf, wie es Ihnen geht. Wenn es Ihnen unbehaglich ist, oder wenn Sie Angst haben, näher an das Licht des Lebens heranzugehen, so überlegen Sie, was passieren könnte, wenn Sie sich diesem Licht aussetzen!

- Lassen Sie sich Zeit, Ihre Befürchtungen in Ihrer Phantasie auszusprechen…

- Nun wenden Sie sich wieder dem Licht des Lebens zu und gehen Sie der Frage nach: Was möchtest du, daß das Licht dir tun soll?

- Wenn du willst, laß es in dein Lebenshaus hinein-leuchten…

- Wenn du willst, atme das Licht des Lebens ein, so daß du ganz durchtränkt bist.

- Wenn du willst, tauche hinein, laß dich erfassen und verwandeln vom Licht des Lebens.

- Schau, was du jetzt vor dir siehst…

- Du darfst auch anderes mit hineinnehmen in dieses Licht, Menschen und Dinge und Ereignis-se…

- Schau, wie es ist, wenn du all dies im Licht des Lebens siehst…

- Laß dir Zeit in diesem Licht…

- Wenn du genug hast, komm wieder zurück in den Raum, wo du bist. Es gibt vieles im neuen Licht zu sehen und in der Welt sichtbar zu machen!

Die Wandlung

Werden wie die Kinder

Wenn ihr nicht werdet wie die Kinder, so werdet ihr das Reich Gottes nicht sehen.
(Matthäusevangelium 18,3)

Wenn jemand nicht von neuem geboren wird, kann er das Reich Gottes nicht sehen.
(Johannesevangelium 3,3)

Kontakt mit dem Kind in mir aufnehmen

Das Telefon klingelt. Ein Freund ruft an und gibt die lange erwartete Nachricht durch: Wir haben es geschafft! Das Kind ist da! Es ist ein Mädchen! Und in seiner Stimme ist etwas Besonderes.

Kleine Kinder rühren eben in ganz besonderer Weise die Herzen der Erwachsenen an, vor allem wenn sie gerade erst geboren sind. Wer einmal ein Neugeborenes im Arm hatte, wird vielleicht wissen, daß es Augenblicke gibt, wo man meint, die Welt stehe still und die Umkehrung aller Dinge habe begonnen.

Da wird unwichtig, was vorher noch voller Bedeutung war, ein voller Terminkalender, ein Kinobesuch oder eine geplante Urlaubsreise. Was ist das alles gegenüber dem Glück, die Rundung einer Wange auf der Haut zu spüren, einen warmen kleinen Mund zu fühlen und staunende Augen zu sehen, die manchmal einen Ausdruck haben, als könnten sie hinter die Welt sehen, den Dingen auf den Grund.

Ich weiß, das bleibt nicht so. Anderes drängt wieder in den Vordergrund. Und doch kann von dieser Begegnung mit dem Kind etwas bleiben, wenn wir uns darauf einlassen. So mag es sein, daß wir auf einmal die Welt anders sehen. Wir riechen die Abgase, zucken zusammen, wenn Flugzeuge mit ohrenbetäubendem Lärm über das Haus jagen, sehen das trübe Wasser des Flusses und den sterbenden Baum ganz neu, wenn wir mit den Sinnen eines kleinen Kindes sehen. Wir können wieder mit den Pflanzen und Tieren reden und die Erde unsere Mutter nennen. Unvorstellbar erscheinen Kriege, wahnwitzig eine Hochrüstungstechnologie, eine Atomwirtschaft mit Restrisiko.

Mit den Augen des Kindes sehen heißt, auf ganz einfache Dinge zu achten, auf Nähe, Wärme, liebevollen Hautkontakt, Muße und Spiel und neugierig zu sein, die Welt zu entdecken.

Wenn wir uns von den kleinen Kindern um uns berühren lassen, mag es sein, daß wir auch wieder in Kontakt kommen mit dem verschütteten Kind in uns selbst, mit seiner ursprünglichen Bedürftigkeit nach Liebe und Nähe. Und das ist der springende Punkt: Auf der einen Seite können dadurch viele positive Kräfte wach werden, neu anzufangen, alte Geleise zu verlassen. Auf der anderen Seite ist das verschüttete Kind in uns ja oft verletzt, mißbraucht, verlassen worden. Und all dies wird eben auch wach.

Viele junge Mütter erleben das als eine sehr belastende Erfahrung. Und auch Väter berichten ähnliches, wenn sie bereit sind, darüber zu sprechen. Da kann es sein, daß sich ganz zwiespältige Gefühle einstellen: Neben der ersten Freude und der Energie, die von der Geburt eines Kindes ausgehen, können auch Depressionen und Aggressionen gegen das Kind entstehen. Da ist die junge Frau, die selbst ein unerwünschtes Kind gewesen ist. Immer wieder trug sie sich mit Selbstmordabsichten. In einem langen Therapieprozeß kam sie dem verletzten Kind in sich und den schlimmen Erfahrungen, die sie als Baby gemacht hatte, auf die Spur. Sie hat gelernt, neue vertrauensvolle Beziehungen aufzubauen. Es geht ihr gut. Und nun bekommt sie selbst ein Kind. Sie freut sich und bereitet sich darauf vor. Sie weiß, was ein Baby braucht, und die Geburt ist ein beglückendes Erlebnis. Das Band zu dem Neugeborenen wird geknüpft, sie kann stillen, und es ist eine Freude, sie zusammen mit ihrem Kind zu sehen. Und doch berichtet sie, daß plötzlich auch aggressive Gefühle gegenüber dem Kind auftauchen. Sie hat die Phantasie, wie es wäre, wenn sie das Kind beim Baden unters Wasser drücken würde. Durch den Umgang mit ihrem Baby wird ihr eigenes »Baby-Ich« reaktiviert. Gott sei dank weiß sie um diese Mechanismen, und sie sucht Hilfe in erneuten therapeutischen Gesprächen. Und es gelingt ihr, die Beziehung zu ihrem Kind weiterhin positiv zu gestalten.

Viele machen ähnliche Erfahrungen, aber schweigen meist darüber. Zu wenige suchen Hilfe, und so kommt es oft zu erschreckenden Kindesmißhandlungen seelischer oder körperlicher Art, wo Eltern zu spät erschrocken feststellen: Das wollten wir doch gar nicht!

Eindrücklich berichtete die »Süddeutsche Zeitung« im Juni 1988 über das erschreckende Ausmaß von Kindesmißhandlungen bei uns in Deutschland. »Notsignale der verwundeten Seele« – ist das eine zu spektakuläre Überschrift? Berichtet wurde aber auch von einer neugeschaffenen Kinderschutz-Ambulanz in Düsseldorf, wo Kindern und Eltern geholfen werden soll: Die Seele ist ja in beiden verwundet, in Tätern und Opfern. Und so wird die Kette immer endloser, wenn jeder weitergibt, was er erlitten hat. Doch wie kann die Kette durchbrochen werden?

Die schöpferische Energie des Kindes nutzen

Jesus hat sich dieser an Leib und Seele verwundeten Kinder angenommen. In den Heilungsgeschichten wurde das ja schon deutlich. Er hat sie nicht fortgeschickt, sondern hatte für sie Zeit. Sie konnten bei ihm bleiben, bis sie selbst ausgesandt wurden, zu heilen und von Gottes Reich zu reden.

»Wenn ihr nicht werdet wie die Kinder…«: Das heißt für mich, die heilende Kraft zu entdecken, indem wir ganz an unsere Anfänge zurückgehen. Dabei kommen wir mit der schöpferischen Energie in Berührung, die noch hinter unseren Anfängen steht, die uns ins Leben gerufen hat, obwohl uns vielleicht hier auf der Welt niemand willkommen hieß.

Wir kommen aber auch mit dem Schmerz der Verletzungen in Berührung, der fehlgeleiteten Entwicklung, dem Mangel und der Verlassenheit. In dem Weg zurück kann Wandlung geschehen, Umkehr, so etwas wie »neugeboren werden«.

Menschen, die wie Kinder werden, werden neu konfrontiert mit den Fragen, auf die sie nie eine Antwort bekommen haben; sie erfahren neu ihre Bedürftigkeit, indem alte Situationen wieder lebendig werden.

Eines der eindrücklichsten Erlebnisse meiner therapeutischen Ausbildung war eine Arbeit mit Marga, die immer wieder in depressive Phasen stürzte, obwohl sie in ihrem Beruf erfolgreich war. Es bedrängte sie die Phantasie, daß sie wahrscheinlich ein »mißglückter Abtreibungsversuch« sei. Die Mutter war ungewollt schwanger geworden, und so hatte »man« halt geheiratet, mehr aus Pflicht als aus Liebe. Eine unglückliche, kalte Ehe war die Folge. Von ihrer Geburt weiß Marga, daß sie lange und schmerzvoll für die Mutter war, kein freudiges Ereignis. Da ihre selbstzerstörerischen Phantasien immer wieder um diesen Punkt kreisen, lädt der Therapeut sie ein, in ihrer Phantasie in den Bauch ihrer Mutter zurückzugehen. Marga ist dazu bereit und wird in viele Decken gewickelt, so daß sie gerade noch atmen kann. Alle Gruppenteilnehmer sitzen um sie herum. Mit den Händen spüren wir ihrer Wärmeausstrahlung nach. Das Energiefeld ihres Körpers ist ganz schwach. Marga stellt sich nun vor, daß sie im Bauch ihrer Mutter ist. Sie zittert und ihr ist kalt, obwohl sie in Decken gehüllt ist. Wir geben mit unseren Händen sanften Druck auf die Decke. Marga soll spüren, daß sie nicht allein ist, daß andere sie erwarten. Aber sie läßt sich Zeit. Starr und kalt liegt sie in ihrer Decke. Wir geben ihr von unserer Wärme ab, damit ihre Energie gestärkt wird. Wann wird sie »herauskommen«? Später beschreibt sie die Versuchung, lieber gar nicht erst geboren zu werden, sich lieber gar nicht erst dieser Welt auszusetzen, bis der andere Gedanke auch kommt: Ja, ich will, ich will leben! Trotzdem! Und da ist plötzlich Kraft, sich aus den Decken zu befreien und zu schreien wie ein Kind, das soeben geboren ist.

Liebevolle Hände nehmen sie in Empfang und streicheln sie. Sie ist geborgen, sie darf nuckeln. Die über Vierzigjährige sieht aus wie ein eben geborenes Kind – es ist unglaublich! Wir alle sind ihre Familie, die sich mitfreut, daß Marga auf der Welt ist. Wir sind sehr bewegt. Jeder ist auf seine Weise in Kontakt mit der eigenen Geburt, mit der eigenen Familiengeschichte gekommen.

Einer aus der Runde nimmt das »Neugeborene« in den Arm. Und da darf es noch lange sitzen, gewissermaßen im Arm seiner »Mutter«. Langsam wird aus dem zerzausten Baby wieder eine erwachsene Frau. Es ist aber etwas Neues an ihr zu sehen, eine Energie, eine neue Zärtlichkeit dem Leben gegenüber, die vorher noch nicht da war.

Von neuem geboren

Und dann sagt eine aus unserer Mitte, eine Pfarrerin: »Wißt ihr, daß der Predigttext für den morgigen Sonntag die Geschichte von Nikodemus ist, zu dem Jesus sagt: ›Wer nicht von neuem geboren ist, der kann das Reich Gottes nicht sehen‹?«

Ein »Zufall«, der zutrifft; denn wir sind alle angerührt von der erneuernden Kraft der Neugeburt, des Wiederanfangen-Dürfens. Da war nicht »nur« eine therapeutische Methode, da war die Kraft des Lebens am Werk, die Menschen von alten Belastungen freispricht und mit der eigenen Lebensgeschichte versöhnt.

Menschen, die mitten im Leben zurückgehen an ihre Anfänge, was auf sehr verschiedene Weise geschehen kann, die sich aussöhnen und damit ja auch ihren Haß und Groll, ihre destruktiven Seiten annehmen und loslassen, erleben dies wirklich oft wie eine Neugeburt, nicht plötzlich, aber allmählich.

Oft taucht auch das Bild der Geburt in Träumen auf. So berichten viele Frauen, daß sie zur Zeit des Umbruchs, des Neuanfangs, träumen, daß sie schwanger sind oder ein Kind gebären. Hannah berichtet von einem Traum, in dem sie durch einen Tunnel gewirbelt und daraus »geboren« wurde.

Ist damit aber wirklich die Neugeburt gemeint, von der Jesus spricht, die Geburt aus Wasser und Geist, die Geburt »von oben«?

Meine Erfahrung ist, daß Menschen, die durch den Prozeß der Selbstbegegnung gehen, eine ganz neue Offenheit haben für die »obere Welt«, für die tiefere Dimension unseres Lebens. Es ist so, als wäre plötzlich der Blick frei, wo er vorher fixiert war auf Bedürfnisse und Verletzungen der Vergangenheit. »Daß Gott mich liebt, das war eine leere Aussage für mich«, meint Hannah nach Jahren der intensiven Auseinandersetzung mit ihrer Lebensgeschichte, »aber jetzt kann ich das aufnehmen und weiß, daß auch ich ein Gedanke Gottes bin, daß ich geliebt werde. Einerlei, ob mich meine Eltern gewollt haben oder nicht. Ich weiß, ich bin willkommen, und das macht mich frei.«

Vater und Mutter verlassen

Wenn jemand zu mir kommt, und nicht seinen Vater und seine Mutter… haßt, der kann nicht mein Jünger sein.
(Lukasevangelium 14,26)

Lebensfeindliche Botschaften loslassen

Dieses Jesuswort war mir lange Zeit sehr unverständlich und anstößig. Wie kann Jesus so radikal zum Haß auffordern, wo er doch sonst von Liebe spricht? Warum ist eine solche Abkehr von der eigenen Familie nötig?

Diese Worte bekamen Sinn für mich bei der therapeutischen Begleitung von Beate, einer jungen Eßsüchtigen, die eine Zeitlang wie ein viertes Kind in unserer Familie lebte: Beate war so vollgestopft mit destruktiven Botschaften, daß ihr ein normales, selbständiges Leben nicht möglich war, in dem sie gut für sich sorgen konnte. Sie lebte zwar schon länger nicht mehr zu Hause, war aber mit ihren 21 Jahren eher ein bedürftiges Kind als eine Erwachsene.

Immer wieder hatte sie schwere suizidale Phantasien und hörte Stimmen im Kopf: »Erschlag dich doch!« »Bring dich um!« »Mach dich kaputt!« »Es wäre besser, dich gäbe es nicht!« Dies brachte sie oft an den Rand des Selbstmordes oder einer Psychose. In unserer gemeinsamen Arbeit bekamen die Stimmen Gesichter, Situationen tauchten auf, frühe Erfahrungen der Verlassenheit, der Angst und der Abwertung. Klare Trennungen waren nötig von den krankmachenden Botschaften, von der verinnerlichten, zerstörerischen Mutter, dem kaputtmachenden Vaterbild.

Zu dieser Zeit war auch ein realer Kontakt mit den Eltern fast nicht möglich, da er für Beate nicht auszuhalten war. Sie lernte neue, positive, aufbauende Botschaften kennen. In dem Zusammenprall beider Kräfte, der destruktiven und der aufbauenden, gab es eine Phase tiefen Hasses, vor allem gegenüber ihren Eltern. Diese Phase der Aggression nach außen – die ich natürlich in der Übertragung auch zu spüren bekam – war enorm wichtig und schaffte erst die Kraft, sich von dem Selbstzerstörerischen zu lösen, sich vom Haß zu verabschieden. Indem sie sich von den verinnerlichten Elternbildern trennte, konnte sie auch wieder behutsamen Kontakt mit ihren realen Eltern aufnehmen.

Manche kommen nicht so weit, sondern bleiben auf ihrem Weg, sich selbst zu begegnen, im Haß stecken. »Meine Eltern sind schuld, daß bei mir so vieles schief gelaufen ist«, sagen sie, leugnen ihre eigene Verantwortung und entschuldigen sich damit.

Manche kommen erst gar nicht so weit, weil sie meinen, Haß sei nicht erlaubt. Wut und Zorn seien doch negative Gefühle! Wie befreiend, daß Jesus auch diese Gefühle akzeptiert hat. Er wußte, daß es Zeiten gibt, wo es wichtig ist, Destruktives und Lebensfeindliches zu hassen, um sich zu schützen und zu lösen und offen zu werden für Neues und Heilvolles.

Oft geht das nicht ohne auch räumliche Trennungen ab. Von der Therapie schizophrener Jugendlicher oder junger Leute mit Eßstörungen weiß man, wie wichtig die Änderung des Milieus ist, die radikale Trennung von der Familie. Wichtig wird die »neue Familie«, in der es anders zugeht als zu Hause, in der neue Verhaltensmöglichkeiten ausprobiert werden können und neue Dinge in den Blick kommen. Mit solch einer »neuen Familie« gelingt es, sich mit den »verhaßten Eltern« innerlich auszusöhnen, sogar wenn es in der Realität nicht möglich ist.

Eine solche Aussöhnung meldet sich dann auch in Träumen zu Wort. So schildert Hannah, wie erst ein Traum ihr bewußtmachte, daß ihre Mutter, die sie vorher heftig ablehnte, ihr wieder näherkam: Im Traum wurde die Mutter immer kleiner, ja wie ein hilfsbedürftiges Baby. Das war die neue Ebene, auf der mit der Mutter wieder Kontakt möglich war: Von »Kind« zu »Kind«. Hannah entdeckte, daß in ihrer Mutter ebenfalls ein verletztes und bedürftiges Kind war. So verlor diese ihre Übermächtigkeit, und eine neue Phase der Solidarität begann.

Die neue Familie

Das Bedürfnis nach einer »neuen Familie« ist vor allem bei jungen Leuten oft sehr stark vorhanden. Da wird die peer- group wichtig, die Gruppe Gleichgesinnter, in der andere Regeln gelten als zu Hause, in der »alles ganz anders« ist. Viele erleben diese Gruppe mit neuen Normen auch als eine Art »neue Familie«, die zum Ersatz für die Herkunftsfamilie wird, die sie mitsamt ihren Spielregeln hinter sich lassen wollen.

Was aber zunächst als befreiend erscheint, kann schnell zum neuen Gruppenzwang werden und durch die Hintertür das Leben erneut einschränken, wenn z.B. über die Bedürftigkeit eines einzelnen lieblos hinweggegangen wird.

Nicht jede dieser Ersatzfamilien ist die »neue Familie«, wie Jesus sie meinte. Er nennt denjenigen Bruder, Schwester, Vater und Mutter, der den Willen Gottes tut (Matthäusevangelium 12,50). Demgegenüber tritt die biologische Verwandtschaft zurück. Diese neue Familie bildet sich rings um ihn als Folge davon, wie er mit Menschen umgeht: Er eröffnet neues Leben, bietet innige Gemeinschaft, ermöglicht persönliches Wachstum.

In dieser »neuen Familie«, die sich um Jesus schart, sehe ich die Keimzelle dessen, was bis heute Kirche heißt. Kirche ist nicht in erster Linie Institution und gesellschaftlicher Faktor, sondern hat ihrer Herkunft und ihrem Auftrag gemäß die Keimzelle zu sein, wo miteinander Wachsen und zusammen Leben wohltuend möglich ist. Oft ist die heilvolle Vermittlung dessen, was Wachstum und Liebe ermöglicht allerdings aus den Kirchen in andere Gruppen und Kreise ausgewandert, in denen mehr von der Liebe Gottes zu spüren ist und gelebt wird als in den erstarrten Formen traditioneller Christlichkeit, die mit der ursprünglichen Kraft und Lebensfreude der Verkündigung Jesu nichts mehr zu tun haben.

Vielleicht kann sich das dann wieder ändern, wenn den Machtträgern und Lehrautoritäten in den Kirchen die Augen aufgehen, wenn sie die Brillen jahrhundertelanger Fehlsicht und Fehlbeurteilung und einseitig männlicher theologischer Einschätzung absetzen mit der Folge, daß künftig die Rolle der »Schwestern« nicht mehr aus männlicher Sicht allein definiert würde. Dann hätten auch sie ihren Platz in der »neuen Familie« Jesu mit all ihren gegebenen Gaben und weiblichen Traditionen, die sie zunehmend wiederentdecken.

Heilung für das verletzte Kind suchen – eine gelenkte Phantasie

Setzen oder legen Sie sich bequem hin. Lassen Sie Ihren Atem ganz durch sich hindurchströmen, ein und aus, ein und aus.

- Stellen Sie sich ein kleines Kind vor, voller Lebensfreude und Vertrauen.

- Schauen Sie genau hin, wie es aussieht, wie es sich bewegt und was es gerade tut.

- Schauen Sie, wie es Kontakt zu Ihnen sucht.

- Und nun stellen Sie sich vor, daß eben dieses Kind, das so voller Lebensfreude und Vertrauen ist, weint und Hilfe braucht. Etwas Schlimmes ist ihm zugestoßen. Was ist mit ihm geschehen?

- Sie können diesem Kind helfen! Entdecken Sie, was es braucht.
- Bringen Sie es in Ihrer Phantasie an einen Ort, wo es wieder heil werden kann, wo es die verlorene Lebensenergie wiederfinden kann.

- Wie sieht dieser Ort aus?

- Überlassen Sie das Kind der heilenden und erneuernden Kraft dieses Ortes.

- Und nun stellen Sie sich vor: Sie sind selbst dieses
  Kind:
- Was brauchst du, damit deine Verletzungen
  heilen?
- Spüre die heilende Kraft dieses Ortes.
- Spüre die unendliche Liebe, die dich umgibt.
- Spüre die Energie, die dich verwandelt.
- Du darfst noch einmal anfangen, wie neu geboren
  sein.
- Du darfst dir eine neue Familie aussuchen. Welche
  Menschen siehst du um dich herum?
- Spüre, daß du willkommen bist.
- Was hörst du und was siehst du?

- Stell dir vor, daß für dich alles da ist, damit du in
  Liebe und Geborgenheit aufwachsen und deine
  Gaben schöpferisch entfalten kannst.

- Von diesem heilenden und neuschaffenden Ort
  darfst du dir etwas mitnehmen. Was nimmst du
  dir mit?

- Komm langsam wieder zurück, spüre deine
  Hände und Füße, bewege sie und schau dich um.
  Du bist wieder in deiner Umgebung. Nimm
  dorthin etwas mit von der Kraft deiner Phantasie.

Weiter-wachsen

Das vielfältige Feld in uns

Die vielfältige Saat
(Matthäusevangelium 13,3-9)

Jesus erzählte folgendes Gleichnis: Siehe, der Sämann ging aus, um zu säen. Und indem er säte, fiel etliches auf den Weg und die Vögel kamen und fraßen es auf. Anderes fiel auf den felsigen Boden, wo es nicht viel Erde hatte, und es ging sogleich auf, weil es nicht tiefe Erde hatte; als aber die Sonne aufging, wurde es verbrannt, und weil es nicht Wurzel hatte, verdorrte es. Anderes fiel unter die Dornen und die Dornen wuchsen auf und erstickten es. Noch anderes fiel auf den guten Boden und brachte Frucht, etliches hundertfältig, etliches sechzigfältig, etliches dreißigfältig. Wer Ohren hat, der höre!

Wachsen und Widerstand

Vor meinen Augen tauchen Bilder dieses Sommers auf, leuchtende Kornfelder, soweit das Auge reicht. Schwer vorstellbar die kleinen Anfänge, wie sie im Gleichnis geschildert werden: Ohne die aufwendige Agrartechnik unseres Jahrhunderts, ohne Traktor, Dünger und Unkrautvertilgungsmittel – einfach so sät der Sämann, wie das vor zweitausend Jahren in Palästina wohl üblich war. Er weiß, daß die Erde in vielem unberechenbar ist, voller verborgener Steine, voller

Dornengewächse, deren Samen der Wind auch auf den Acker geweht hat und die heimlich mitwachsen. Vielleicht gründet er sein Vertrauen auf die geheime Kraft im Weizenkorn, das schon seinen Boden finden wird. Jedenfalls scheint er sehr gelassen. Er weiß, es liegt am Boden, wenn die Saat nicht aufgeht, und er gibt der Erde ein Stück Verantwortung für das Wachstum.

Schon bald wurde dieses Gleichnis allegorisch gedeutet: Gott war der Sämann, das Samenkorn das Wort Gottes, der Boden das Herz des Menschen.

Für mich weist das Gleichnis hin auf das große Geheimnis, wie sich das Leben und Fülle schenkende Wort Gottes in dieser Welt durchsetzt. Es wird gesät, aber es hat Konkurrenz. So viel anderes wird auch gesät. Je früher in die Herzen der Menschenkinder gesät wird, um so wirksamer ist es, das wußten viele Pädagogen und haben dies zu ihrem Vorteil ausgenutzt. Erschreckende Beispiele und Auswirkungen der »Schwarzen Pädagogik« zeigt Alice Miller in ihrem Buch »Am Anfang war Erziehung« auf[30].

Wie kann im Herzen eines Menschen, das festgetrampelt ist von Schlägen des Hasses, der versteckten oder offenen Grausamkeit, von Abwertungen und Mißachtungen ein Keim der Hoffnung aufgehen, daß Gottes Liebe auch für ihn da ist?

Und doch geschieht es. Menschen mit einer schlimmen Kindheit berichten von einem Hoffnungsstrahl, der immer wieder einmal aufgeleuchtet ist. Sind es nicht gerade sie, die zeigen, daß in uns allen unterschiedliche Möglichkeiten stecken, das Festgetrampelte und Festgefahrene in durchlässigen Ackerboden zu verwandeln, statt es den zerstörerischen Elementen zu überlassen?

Im nächsten Bild, das Jesus verwendet, scheint die Chance für das Samenkorn Gottes schon größer: Es geht auf, eine kleine Pflanze beginnt zu wachsen. Aber dann finden ihre Wurzeln nicht genug Halt, sie stößt auf Steine, sie kann nicht aus der Tiefe Nahrung holen und sie verdorrt.

Ich möchte dieses Verdorren einmal »Verdorren der Hoffnung« nennen. Menschen, die sich den Wüstenfragen gestellt haben, unterwegs sind im neuen Licht, in denen Neues geboren ist, stoßen immer wieder auch auf Steine, die ihr Wachstum zu hindern drohen. Da haben Menschen neue Entscheidungen getroffen, ihr Leben positiv zu verändern. Begeisterung und Schwung sind groß, und dann kommen plötzlich Rückschläge. »Es geht doch nicht, daß ich meine Zeit sinnvoller einteile.« »Ich schaff' es doch nicht, mit dem Partner besser klarzukommen.« »Ich schaff' es doch nicht, mein Berufsleben anders zu gestalten«… Und Resignation macht sich breit. Es bleibt alles beim alten. Man läßt sich treiben, wird passiv, statt aktiv das Leben zu gestalten.

Eine kleine Pflanze, die wachsen will, braucht genügend Raum um sich, genügend Luft, damit sie sich ungestört entfalten kann. Wie tückisch, wenn die Dornen schneller wachsen, mächtiger sind und den kleinen Keimling ersticken!

Wenn Menschen wachsen wollen, manches oder vieles in ihrem Leben verändern wollen, stoßen sie häufig auf Widerstand. Da gibt es einmal den äußeren Widerstand: Eltern, Kollegen, Freunde mischen sich

148

ein, geben ungebeten Ratschläge, lassen spitze Bemerkungen fallen, bedrängen; wenn man es zuläßt, können sie manchen Keimling ersticken. Gefährlicher sind die »Dornengewächse«, wenn sie sich im Innern breit machen. Dies kann alles sein, was uns die Luft wegnimmt, oder womit wir uns die Luft wegnehmen lassen.

Mir kommen da vor allem die Menschen vor Augen, die sich in kirchlicher oder anderer sozialer Arbeit so viel aufbürden, daß sie sich kaum noch abgrenzen können, weil sie die Sorgen und Nöte der anderen zu sehr in sich hineinlassen und sich selber keinen Raum mehr geben, Luft zu schöpfen, Nahrung zu sich zu nehmen, die zum Wachsen nötig ist. Wie Dornen kann sich mir der Schmerz eines anderen in die Seele bohren und die eigene Kraft lähmen, und weder diesem noch mir ist geholfen. Auch auf andere Weise können wir unsere Kraft ausbeuten lassen. Wenn wir nicht aufpassen, können die kleinen und großen Dinge des Alltags unsere Lebensenergie absaugen und ersticken.

Wenn die Pflanze genug Raum um sich hat, genügend Nahrung aus der Tiefe bekommt und sich dem Licht entgegenstrecken kann, wenn auch der Wind und der Regen nicht fehlen, wenn Gleichgewicht da ist in den Elementen, dann wird das Korn Frucht bringen in großer Fülle.

Menschen, die sich genug Raum lassen, um von ihrer Mitte her auf ihre Bestimmung zuzuwachsen und die so aus der Tiefe leben, haben auch eine Ausstrahlung, und ihr Tun ist fruchtbar. Und gerade sie wissen nicht, warum ihnen all dies möglich ist. Sie wissen um das

Geheimnis, daß es einerseits Gottes schöpferische Kraft ist, daß Frucht entsteht, und andererseits der Mensch selbst Verantwortung dafür trägt, was er in sich wachsen und keimen läßt.

Zeit zum Wachsen – eine gelenkte Phantasie

Setzen Sie sich bequem und locker hin und lassen Sie Ihren Atem ein- und ausströmen. Ein und aus... Ein und aus...
Stellen Sie sich einen Sämann vor, der sorgsam mit der Hand seine Körner aussät.

- Schauen Sie sich das Ackerland an, worauf gesät wird. Wie sieht es aus?

- Wohin fällt der Same?

- Nehmen Sie das Bild in sich auf!

- Nun stellen Sie sich vor, daß Sie selbst der Acker sind:
- Ich bin selbst der Acker.
- Manches in mir ist hart und festgetrampelt.
- Manches hat seine Spuren in mir hinterlassen.
- Manches ist festgefahren und festgetreten.
- Was fällt mir dazu ein?

- Manches in mir ist steinig und nur oberflächlich.
- Die Steine lassen nichts wachsen.
- Welche Steine liegen auf meinem Weg und welche lege ich mir selbst in den Weg?

- Was lasse ich nicht in mir Wurzeln schlagen?

- Manches in mir ist spitz und dornig, so daß ich mich selbst verletze.

- Was ist es, dem ich nicht genug Raum lasse, sich zu entfalten?

- Was ersticke ich, daß es nicht genug Luft bekommt?

- Manches an mir ist gutes Ackerland, locker und durchlässsig.

- Ich bin offen.
- Ich bin offen, für das Gute, das in mir keimen will.
- Ich bin offen für das Gute, das in mir Wurzeln schlagen will.
- Ich bin offen für das, was in mir wachsen will.
- Ich spüre Kraft in meinem Körper und strecke und dehne mich.

- Was für neue Möglichkeiten kommen mir in den Blick?

- Verabschieden Sie sich nun von diesem Gleichnis, und behalten Sie das, was Ihnen wichtig ist, in sich und lassen Sie es wachsen. Es braucht Zeit.

Ohne Abschiednehmen kein neues Leben

Wenn das Weizenkorn nicht in die Erde fällt und stirbt, bleibt es allein; wenn es aber stirbt, trägt es viel Frucht.
(Johannesevangelium 12, 24)

Loslassen und frei werden

In meiner Hand liegt ein Weizenkorn, hart und klein. Mir ist es immer wieder unbegreiflich, daß in diesem kleinen Korn der gesamte Bauplan für eine Kornähre enthalten ist! Wie kommt es zu dieser durchbrechenden Kraft? Das Geheimnis dieser Kraft ist der Tod. Ohne Sterben, ohne Abschied keine Wandlung – das ist eines unserer Lebensgesetze.

Da ist das Baby, das Abschied nehmen muß von dem schützenden Bauch seiner Mutter, das Kind, das lernt, die unsichtbare Nabelschnur allmählich zu durchtrennen, wenn es z.B. von seiner Mutter wegläuft und auch längere Trennungen aushalten kann. Später verändert sich auch sein Äußeres immer mehr: Das kleinkindliche Runde verwandelt sich in mehr Eckiges und Längliches, wenn die Schulzeit beginnt, und bald schon sind in dem hoch aufgeschossenen jungen Mann nur noch schwer die Züge des kleinen Kindes zu entdecken.

Und doch sind auch in der fünfzigjährigen Frau oder

dem siebzigjährigen Mann all diese Entwicklungsstufen noch vorhanden. Wenn die Wandlung geglückt ist, haben wir guten Kontakt zu dem vergangenen Kind, das wir einmal waren.

Doch häufig ist es anders. Vieles ist unerledigt geblieben. Da ist z.B. die zu frühe Trennung von der Mutter gewesen, vielleicht die Flucht in den bitterkalten Wintern der letzten Kriegsjahre, der zu frühe Verlust der Geborgenheit, die Ängste der Bombenangriffe, die Scheidung der Eltern, der Tod der Großeltern, eine schwere Schulzeit, Abbruch von Freundschaften und vieles mehr.

Jeder hat seine eigenen unerledigten Dinge. In der Gestalttherapie reden wir von »nicht geschlossenen Gestalten«. Etwas ist offen geblieben, ein Gespräch hat nicht stattgefunden, ein Abschied war zu plötzlich, die Angst durfte nie gezeigt werden, die Tränen nie geweint, und so schleppen wir das nicht Erledigte aus jeder Entwicklungsstufe mit, können es nicht wirklich loslassen. Es meldet sich oft in unseren Träumen zu Wort oder bricht mitten in unseren alltäglichen Beziehungen auf. Und wir wissen oft gar nicht, warum wir so betroffen, so verletzt, so wütend oder traurig reagieren.

Die unabgeschlossenen Gestalten aus der Vergangenheit binden unsere Energie, weil sie uns nicht in Ruhe lassen und sich mit unseren Versuchen, das Offengebliebene ersatzweise zu schließen, nicht zufriedengeben.

Nur wenn wir Vergangenes wirklich loslassen, sind wir frei für die Gegenwart.

Da ist die unverheiratete Frau mittleren Alters, deren

Eltern plötzlich und rasch hintereinander gestorben sind, als sie Mitte zwanzig war. Sie hat das Elternhaus übernommen und wohnt dort wie in einem Museum. Sie verändert wenig, und die Sachen der Eltern rührt sie nicht an. Immer wieder bekommt sie Depressionen, hat wenig Lebensfreude und igelt sich immer mehr ein.

Für sie steht an, endlich Abschied zu nehmen von den Eltern, die doch schon viele Jahre tot sind. Daß dies auch nach langer Zeit noch möglich ist, zeigen oft erschütternde Szenen aus der therapeutischen Arbeit. Oft ist es wichtig, den Weg noch einmal zurückzugehen, das auszusprechen, was nie möglich war, sich mit nie eingestandenen Schuldgefühlen auseinanderzusetzen, die Beziehung zu den Verstorbenen zu klären und dann in der Phantasie vielleicht auch noch einmal den Weg zum Grab zu gehen und sich zu verabschieden[31].

Dann schließt sich die »Gestalt«, und man kann wirklich loslassen, etwas sterben lassen.

Oft reicht es auch, daß Menschen wieder anfangen, aus ihrer Verkapselung herauszukommen, um das Gespräch darüber zu suchen, wovon sie nicht Abschied nehmen konnten. Manche malen oder schreiben sich dies auch von der Seele.

Erst wenn wir Altes loslassen – und das ist immer eine Form von Tod – sind wir offen für Neues. Sterben, Abschiednehmen ist geradezu Voraussetzung für unser inneres Wachstum, genau wie es in der Natur kein Wachstum gibt ohne die Wandlung der Gestalten.

Das Weizenkorn bleibt allein, in sich verschlossen, verkapselt und fruchtlos, wenn es sich nicht selbst preisgibt und sich dem Gesetz der Wandlung unterwirft. Es ist wieder eines der Geheimnisse des Lebens, daß im Tod das Leben ist.

Wandlungen künden sich oft durch Träume vom Tod an. So träumte Hildegard zu Beginn einer Reihe von Gesprächen mit mir, sie liege tot aufgebahrt und viele kämen vorbei, um von ihr Abschied zu nehmen. Zum Schluß sei ich gekommen und habe ihr Blumen aufs Herz gelegt. Da sei sie wieder lebendig geworden. Dieser Traum hat unseren gemeinsamen therapeutischen Weg hoffnungsvoll eingeleitet.

Abschiednehmen –
gelenkte Phantasie und Körperübung

Suchen Sie sich einen Platz, wo Sie ganz für sich sein können.

• Stellen Sie sich vor, Sie sind ein Weizenkorn, klein und fest verschlossen. Drücken Sie dies mit Ihrem ganzen Körper aus. Das geht am besten, wenn Sie sich auf den Boden setzen und sich nach vorne ganz in sich zusammenziehen, den Kopf unter die Arme.

• Ich bin ein Weizenkorn, klein und fest verschlossen. Spüren Sie in Ihrem Körper, wie das ist?

• Was halte ich verschlossen und im Dunkeln?

• Da gibt es Dinge, die kann ich nicht loslassen. Sie bedrängen mich immer wieder…

- Da gibt es Dinge, die will ich nicht loslassen. Ich habe Angst davor…

- Was fällt mir dazu ein?

- Ich spüre aber auch die ungeheure Kraft, die in mir ist. Alles, was ich sein könnte, ist schon in mir enthalten.

- Ich habe aber auch Angst vor diesem Neuen.

- Es bedeutet, daß ich mich preisgeben muß, meine feste Verschlossenheit, meine vertraute Gestalt.

- Ich nehme wahr, was ich fühle, wenn ich diese Einsicht in mich hineinlasse, und es ist in Ordnung, wenn ich traurig werde.

- Wovon will ich Abschied nehmen, damit ich mich dem Neuen öffnen kann?

- Wenn ich bereit bin, überlasse ich mich der verwandelnden Kraft.

- Ich darf mich öffnen. Auch mit meinem Körper drücke ich dies aus.

- Ich spüre das Licht der Sonne, die mich wärmt, den Wind, den Regen, und ich darf mich dem Himmel entgegenstrecken. Drücken Sie dies mit Ihrem ganzen Körper aus.

(Falls Sie mit einer Gruppe zusammen sind, schauen Sie sich um und spüren Sie, daß Sie nicht allein sind.)

Das Wachstum nicht stören

Er erzählte ihnen noch ein anderes Gleichnis: Mit dem Reich der Himmel ist es wie mit einem Mann, der guten Samen auf seinen Acker säte. Während nun die Leute schliefen, kam sein Feind, säte Unkraut unter den Weizen und ging wieder weg. Als die Saat aufging, und sich die Ähren bildeten, kam auch das Unkraut zum Vorschein. Da gingen die Knechte zu dem Gutsherrn und sagten: »Herr, hast du nicht guten Samen auf deinen Acker gesät? Woher kommt dann das Unkraut?« Er antwortete: »Das hat ein Feind von mir getan.« Da sagten die Knechte zu ihm: »Sollen wir gehen und es ausreißen?« Er entgegnete: »Nein, sonst reißt ihr zusammen mit dem Unkraut auch den Weizen aus. Laßt beides wachsen bis zur Ernte.«
(Matthäusevangelium 13,24-30)

Vor noch nicht allzulanger Zeit gab es in unserem Land noch Schulen mit verschiedenen Eingängen für katholische und für evangelische Kinder, und auch in den Pausenhöfen war man möglichst noch getrennt. Heute ist dies unvorstellbar – Gott sei dank!
Und doch ist die Geschichte der Trennungen noch nicht zu Ende. Da gibt es Erlasse von höchster Ebene, die das Miteinander der verschiedenen christlichen Konfessionen erschweren. Da gibt es Gruppierungen verschiedener Art in den unterschiedlichsten Glaubensgemeinschaften, die gegeneinander arbeiten. Dahinter versteckt sich häufig der geheime Dünkel: Nur wir haben die Wahrheit, die »rechte Lehre«. Was im

Namen der »rechten Lehre« im Laufe der Geschichte auf allen Seiten an Greueltaten begangen wurde, das läßt sich kaum noch aufzählen. Weit entfernt von den Worten Jesu wurde gesichtet, gesondert, ausgerottet und verbrannt. Die Geschichte der Ketzerverfolgung, der Hexenverbrennung, der Verfolgung von Wissenschaft und Philosophie spricht davon Bände.

Ganz anders dagegen sagt das Gleichnis: Sondert nicht aus! Die Zeit der Ernte wird es erweisen, was guter Weizen ist und was Frucht bringt. Gerade wenn die Pflanzen noch klein sind, kann man Unkraut und Weizen ja verwechseln. Tatsächlich gibt es ein Unkraut, das dem Weizen zunächst ganz ähnlich sieht, aber giftig ist. Stört nicht das Wachstum!

Ich mag dieses Gleichnis, weil es Zeit zum Reifen läßt. Es leugnet nicht das Vorhandensein des Bösen, aber es gibt die Erlaubnis, beides miteinander wachsen zu lassen im Vertrauen darauf, daß sich schon herausstellen wird, was Frucht bringt. Nicht richten, aussondern, dem anderen den rechten Glauben absprechen, ihn als Feind ansehen und bekämpfen, sondern die Energie zum Wachsen einsetzen, um »ein guter Weizen zu werden«, das ist die Botschaft des Gleichnisses.

Sonst passiert es eben immer wieder, daß ich das bei anderen bekämpfe, was ich an mir selbst nicht sehen mag, daß ich Splitter im Auge des anderen auszureißen versuche, statt auf den Balken in meinem eigenen Auge zu achten.

Ich meine zu beobachten, daß zwischen Menschen der verschiedensten Kirchen trotz bestehender Trennungen, ja sogar zwischen den verschiedensten Religionen eine neue Offenheit und Gemeinschaft am Entstehen ist, und zwar jenseits aller Lehrunterschiede, die vom Kopf gemacht werden. Es ist eine Offenheit der Herzen füreinander, im gemeinsamen Berührtsein von der Liebe Gottes und von der Sorge um die Bewahrung der Schöpfung. Zunehmend scheint zu gelten, was Carl Friedrich von Weizsäcker sagt: »Wenn Religionen einander begegnen wollen, sollten sie nicht ihre Theologien vergleichen, sondern gemeinsam Gutes tun. Sie werden staunen, was sie dabei über sich selbst lernen.«[32]

Ich möchte einen weiteren Traum von Agnes erzählen, der mich sehr beeindruckt hat. Agnes hat als »Priesterfrau« auch die ausschließende und trennende Funktion der katholischen Kirche erfahren. In der Betroffenheit darüber erinnert sie sich an folgenden Traum: »Da ist ein Feuer und ich habe Angst. Bei genauerem Hinsehen ist das Feuer jedoch ungefährlich. Ich gehe auf einem Weg, der auf eine Wiese führt. Dort steht eine große Kirche. Die drei Seitenwände fehlen, nur noch die Rückwand ist vorhanden, aber sie ist ohne Bedeutung. Der Blick ist frei, geht direkt zum Altar. Ich erinnere mich an Säulen und an ein Dach. Die Menschen können von drei Seiten in die Kirche strömen oder auch von der Wiese am Geschehen teilnehmen…«

Die offene Kirche, der freie Blick auf den Altar, keine Trennwände mehr, die aussondern und ausschließen, wo Innen und Außen ineinander übergehen, das alles sind für mich Bilder christlicher Hoffnung, und ich hoffe, daß die Träume von einer solchen Kirche zunehmen und wachsen.

Vom Weinstock und den Reben

*Ich bin der Weinstock, ihr seid die Reben. Wer in mir bleibt,
der bringt viel Frucht; denn ohne mich könnt ihr nichts
tun.*
(Johannesevangelium 15,5)

Verbunden mit dem Lebensstrom

Stille. – Wir sind versunken in das Bild unseres
inneren Weinstocks. Er fängt an, Gestalt anzunehmen.
Wir malen mit Fingerfarben auf großen Bögen Papier.
Manche haben Schwierigkeiten – vielleicht haben sie
seit der Schulzeit nicht mehr gemalt? Hier gibt es
jedoch kein richtig und falsch. Wer sich von seinem
Inneren leiten läßt, dem fließen die Formen und
Farben aufs Papier, so wie es ihm momentan entspricht.
Wir setzen uns in kleinen Gruppen zusammen und
tauschen uns über unsere Bilder aus. Von jedem wird
etwas in seinem Bild sichtbar, oft mehr, als er selber
weiß.
Da ist der Baum, an dem Äste abgestorben sind, ja ab-
gehackt! Die tiefe Verletzung durch den noch nicht
lange zurückliegenden Tod der Mutter bricht auf. Da
ist der kleine, fast winzige Weinstock, der gerade zu
wachsen beginnt. Da ist der Weinstock, in dessen
Mitte es wie ein Feuer lodert, und daneben der

andere, reifere, an dem schwer die Trauben hängen. Sie neigen sich schon zur Erde, als wollten sie herabfallen. Vom letzten Bild bin ich besonders berührt. Etwas vom bevorstehenden Tod teilt sich mit. Und tatsächlich erfahre ich kurz darauf, daß der, der das Bild gemalt hat, schwer erkrankt ist. Knapp zwei Jahre später ist er gestorben.

Das Bild vom Weinstock ist für mich ein archetypisches Bild, das uns, wenn es aufsteigt oder meditiert wird, etwas über unsere momentane Verbindung zum Lebensstrom mitteilen will.

Wenn Jesus nun sagt: Ich bin der Weinstock, ich bin der rechte Weinstock, dann drückt dieses Bild aus: Diejenigen, die in der Verbindung mit ihm bleiben, sind in der Fülle der Lebensenergie. Sie werden ernährt von der Mitte des Weinstocks, von Christus selbst, von der Kraft der Liebe, des Lichtes, des Wassers und der Weisheit. Dies ist eigentlich ein zutiefst weibliches Bild. Die Rebe wird ernährt durch den Lebenssaft des Weinstocks, wie ein Kind durch das mütterliche Blut. Mitte des Weinstocks ist jedoch Christus. Im Symbol des Weinstocks verbinden sich nun Weibliches und Männliches[33]. Wer an diesem Lebensstrom angeschlossen bleibt, kann gar nicht anders, als Frucht zu bringen. Er ist Teil eines Ganzen. Heutzutage wächst zunehmend das Bewußtsein, daß die Menschheit, ja die Erde ein Organismus ist, der zusammengehört, der aufeinander angewiesen und auch einander zugeordnet ist. Irreführend waren eine anthropozentrische, verkopfte Theologie, die »den« Menschen zum Maßstab aller Dinge machte, ein Erlösungsglaube, der sich ständig um das eigene Seelenheil drehte, ohne das Eingebundensein in den Kosmos wahrzunehmen.

Irreführend war auch die Reduktion der christlichen Botschaft auf ethische Lebensregeln, die sich in einer patriarchalisch bestimmten Gesellschaft oft gegen das Leben selbst wandte. Die Kraft der Liebe, die Phantasie zur Nächstenliebe, die Weisheit, in der Wahrheit zu handeln, werden ja nur erfahrbar, wenn ich angeschlossen bin an den göttlichen Lebensstrom, ernährt wie eine Rebe vom Weinstock.

Wie kann das geschehen? Das Bildwort gibt die Antwort: In die Gestalt des Christus hineinwachsen, den Christusweg als den Weg Gottes nachgehen, den eigenen Weg suchen und doch ganz nach dem Weg Gottes fragen.

Der Weinstock wird nun zum Bild für den neuen Lebensbaum, der Fülle und Ganzheit bringt und als Quelle des Festes dient im kommenden Gottesreich.

Anmerkungen

1 *Wilfried Wieck*, Männer lassen lieben, Stuttgart 1987.
2 *Robin Norwood*, Wenn Frauen zu sehr lieben, Hamburg 1986, S. 14.
3 *Dorothy C. Wilson*, Um Füße bat ich, und er gab mir Flügel, Wuppertal 1974.
4 *Alexander Lowen*, Bioenergetik, Reinbek 1982, S.254.
5 *Alice Miller*, Am Anfang war Erziehung, Frankfurt 1980.
6 *Gerda Boyesen*, Über den Körper die Seele heilen, München 1987, S. 126ff.
7 Die Zeit des Schweigens ist vorbei. Zur Lage der Frau in der Kirche, hg. *Susanne Kahl*, Gütersloh 1979.
8 *Marga Bührig*, Die unsichtbare Frau und der Gott der Väter, Stuttgart 1987, S. 45.
9 *Klaus Kordon*, Wie Spucke im Sand, Weinheim 1987.
10 *Nordgard Kohlhagen* (Hg.), Unsere frühesten Jahre sind nicht die glücklichsten, Frankfurt 1983.
11 Die dinner party ist ein überdimensionaler, dreieckiger Bankett-Tisch, kostbar gedeckt für neununddreißig Frauen aus Mythologie und Geschichte. Weitere neunhundert-neunundneunzig Namen sind auf dem gekachelten Porzellanboden geschrieben. Es sind Göttinnen und Sagengestalten der Mythologie dabei, die Weibliches symbolisieren, weibliche Gestalten aus biblischer Tradition, Sophia, die Weisheit, oder Debora, eine Richterin in Israel, oder Frauen des Mittelalters, Mystikerinnen und Klosterfrauen, christliche Herrscherinnen, Künstlerinnen, »Hexen«, Ketzerinnen und Aufständische, Wissenschaftlerinnen der vergangenen Jahrhunderte, Frauenrechtlerinnen und Sozialreformerinnen. Viele bisher wenig Beachtete finden hier eine beeindruckende Würdigung. Mehr darüber in: Mit Mut und Phantasie. Frauen suchen ihre verlorene Geschichte, Straßlach 1987.
12 Information über cooperative Spiele bietet zum Beispiel das *Fränkische Bildungswerk für Friedensarbeit*, Kaulbachstra-

ße 22, 8500 Nürnberg, in »Gemeinsam statt einsam« – Beschreibung und Analysen cooperativer Brettspiele.
Preiswerte 3.-Welt-Spiele vor allem für Jugendliche sind zu beziehen über *Misereor*, Mozartstr.9, 5100 Aachen, oder *Brot für die Welt*, Stafflenbergstr.76, 7000 Stuttgart 1.

13 *Dietrich Steinwede* (Hg.), Als das Leben durch die Welt wanderte, Gütersloh 1980, S. 83-87.

14 *Eugen Drewermann*, Tiefenpsychologie und Exegese. Band I, Olten und Freiburg 1984, S.484-502. Vgl. auch *Heribert Fischedick*, Von einem, der auszog, das Leben zu lernen. Glaube und Selbstwerdung, München, 2. Auflage 1988.

15 *Verena Kast*, Traumbild Wüste, Olten und Freiburg 1986.

16 *Margot Bickel/H.J.Meilinger*, Die Wüste befreit, Freiburg 1984.

17 Eine gute Brücke zum gegenseitigen Verständnis gibt das Herder Taschenbuch *K.Ledergerber/Peter Bieri*, Was geht New Age die Christen an?, Freiburg 1988. Vgl. auch *Rüdiger Kerls*, Heilsame Glaubenskräfte. Kirche in Auseinandersetzung mit New Age, München 1988.

18 Mehr über das Element Wasser bei *Jörg Zink*, Erde, Feuer, Luft und Wasser, Stuttgart 1986, S. 171-210.

19 Vgl. *Jutta Voss'* Untersuchungen über die kulturelle Bedeutung des weiblichen Zyklus in: Schwarzmond Tabu, Stuttgart 1988.

20 *Karin Anderten*, Traumbild Wasser, Olten und Freiburg 1986, S. 51.

21 Vgl. *Christa Mulacks* Untersuchung: Die Weiblichkeit Gottes, Stuttgart 1983.

22 Mehr über die Taufe bei: *Hildegunde Wöller*, Ein Traum von Christus, Stuttgart 1987, S. 53. Vgl. auch *Norbert Scholl*, Wasser des Lebens. Taufe und christliches Leben, München 1987.

23 *Theodor Storm*, Die Regentrude, München 1978.

24 *Astrid Lindgren*, Mio, mein Mio, in:»Märchen«, Hamburg 1978, S. 105-241.

25 Vgl. *Norbert Scholl*, Brot für alle. Eucharistie und christliches Leben, München 1988.

26 *Herman van Veen*, Worauf warten wir? Lieder, Notizen und

Geschichten, Reinbek 1981, S.70 f.

Geschichte von Gott I

…und das erste, was Gott auffiel, war,
daß mitten im Dorf während seiner
Abwesenheit etwas geschehen war,
was er nicht kannte.
Mitten auf dem Platz stand eine Masse
mit einer Kuppel und einem Pfeil,
der pedantisch nach oben wies…
Er sah auch eine höchst unwahrscheinliche
Menge kleiner Kerle herumlaufen mit
dunkelbraunen und schwarzen Kleidern
und dicken Büchern unter müden Achseln,
die selbst aus einiger Entfernung
leicht moderig rochen.
»Komm mal her … was ist das hier?«
»Was das ist? Das ist eine Kirche
mein Freund,
das ist das Haus Gottes, Freund.«
Aha…wenn das hier das Haus Gottes
ist, Junge, warum blühen hier dann
keine Blumen, warum strömt dann hier
kein Wassser und warum scheint dann
hier die Sonne nicht, Bürschchen?…

27 *Jörg Zink*, a.a.O., S.117ff.
28 *Carl Friedrich v. Weizsäcker*, Bewußtseinswandel, München 1988.
29 1983 hat der Ökumenische Rat der Kirchen auf seiner Vollversammlung in Vancouver den konziliaren Prozeß für Frieden, Gerechtigkeit und Bewahrung der Schöpfung initiiert. Auf dem Deutschen Evangelischen Kirchentag 1985 in Hannover schuf Carl Friedrich von Weizsäcker die Vision eines allgemeinen internationalen und kirchenübergreifenden Friedenskonzils. Seitdem ist die Bewegung des konziliaren Prozesses in vielen kleinen Arbeitskreisen auf einen Bewußtseinswandel hin in Gang gekommen.
30 *Alice Miller*, a.a.O.
31 Solche therapeutischen »Abschiedsarbeiten« finden sich

zum Beispiel als Tonbandprotokolle in: *Mary McClure-Goulding/Robert Goulding*, Neuentscheidungen, Stuttgart 1979.

32 *C.F.von Weizsäcker*, a.a.O., S.249.

33 *Hildegunde Wöller*, Ein Traum von Christus, a.a.O., S. 139.

Heribert Fischedick

Von einem, der auszog, das Leben zu lernen

Glaube und Selbstwerdung
175 Seiten. Kartoniert

Unser Leben erfährt Bestärkung und Vertiefung
durch biblische Mythen. Die Tiefenpsychologie
läßt uns die alttestamentlichen Erzählungen vom
Auszug Israels und seiner Ankunft
im verheißenen Land als Drama der Selbstwerdung
von Menschen entdecken.

» ... und so schließt das Buch mit dem Hinweis auf
drei der Vertauensworte Jesu, die in den
Gleichnissen von der selbstwachsenden Saat,
vom Unkraut unter dem Weizen und vom Senfkorn
zum Ausdruck kommen und das Vertrauen auf
Sicherheit und Gelassenheit stärken.
Ein tröstliches Buch für suchende Menschen, die dem
Glauben – wieder – etwas zutrauen wollen.«
Amtliches Schulblatt Arnsberg

Kösel-Verlag, München